MINUTOS DE INSPIRAÇÃO

MAY ANDRADE

MINUTOS DE INSPIRAÇÃO

UM PROGRAMA SIMPLES E PRÁTICO DE 90 DIAS
PARA TRANSFORMAR SUA MENTE E SUA VIDA

© Direitos Reservados à Editora Alfabeto 2023.

Direção Editorial: Edmilson Duran
Produção Editorial: Rackel Accetti
Preparação de texto: Ana Prôa
Revisão: Heloiza Gomes
Ilustração da capa: Paulo Rodrigues
Projeto gráfico e diagramação: Estefani Machado

Dados Internacionais de Catalogação na Publicação (CIP)
Angélica Ilacqua CRB-8/7057

Andrade, May
Minutos de inspiração: um programa simples e prático de 90 dias para transformar sua mente e sua vida / May Andrade. 1ª Edição. Editora Alfabeto, São Paulo/SP, 2024.

256 p.

ISBN: 978-65-87905-67-9

1. Autoajuda 2. Autoconhecimento 3. Sucesso 4. Reprogramação mental I. Título

24-0130   CDD 158.1

Índices para catálogo sistemático:
1. Autoajuda

Todos os direitos reservados, proibida a reprodução total ou parcial por qualquer meio, inclusive internet, sem a expressa autorização por escrito da Editora Alfabeto.

EDITORA ALFABETO
Rua Protocolo 394 | CEP 04254-030 | São Paulo/SP
Tel: (11) 2351.4168 | Email: editorial@editoraalfabeto.com.br
Loja Virtual: www.editoraalfabeto.com.br

PREFÁCIO

Recentemente, eu e minha esposa fomos à casa de uma vendedora de redes, para comprar uma. Quando ela nos viu, logo reconheceu: "O pai e a mãe da May!". E então nos contou: "Este apartamento aqui foi a May que me ajudou a conseguir". Ficamos admirados e ela nos explicou que tinha sido graças aos ensinamentos de nossa filha que ela havia cocriado aquele sonho. Disse que fez os exercícios, por 21 dias, para se conectar com a sua Centelha Divina, e tinha até usado a pulseirinha vermelha. "Sou muito grata à May, porque ela me fez acreditar que seria possível comprar o meu apartamento. E eu consegui", nos contou.

Tenho um enorme orgulho por saber o quanto a minha filha inspira as pessoas com seus vídeos, cursos e livros. Mas acredito que ela tenha herdado um pouco disso de mim, porque desde cedo lhe dizia a seguinte frase: "O difícil a gente já fez hoje; o impossível a gente busca fazer amanhã". Quando eu acredito em algo, corro atrás e acho que o impossível não existe. Assim, inspirei minha filha. Hoje, é ela quem passou a ser uma inspiração para toda a nossa família.

A May sempre buscou muito... Diante de um sonho, fazia de tudo para torná-lo realidade. Por exemplo, largou um bom emprego para ser voluntária, durante um ano, evangelizando pessoas na Amazônia. E, já com marido e filho, vendeu a casa que possuíam e foram realizar o que ela sempre quis, desde menina: morar nos Estados Unidos.

Quando tudo parecia estar dando errado por lá, já que eram muitas as dificuldades, ela se agarrou a seus estudos de autoconhecimento, à fé em sua Centelha, e gravou um vídeo contando a sua experiência. Foi a partir daí que tudo começou e ela se tornou a pessoa que nasceu para ser.

Sinto que a missão da May é levar esperança e certeza às pessoas, mostrando que é possível fazer mais, desde que elas acreditem e tenham fé. Ela lhes ensina que é importante sonhar e acreditar. E, quando buscam, o Universo conspira a favor delas. Por isso, com o seu trabalho, minha filha tem ajudado muita gente a conseguir aquilo que tanto almeja. Tenho certeza de que a May é um daqueles anjos que está na Terra para auxiliar. Ela é usada por Deus para fazer com que as pessoas consigam ser cada vez melhores e mais prósperas.

Meu desejo para este terceiro livro que a minha filha lança, *Minutos de Inspiração*, é que ela siga inspirando o leitor a, primeiramente, querer e acreditar. Depois, a conseguir. Aqui, estão muitos ensinamentos que vão ajudar nisso. Que você, então, possa se beneficiar de cada lição de sabedoria, fé e pensamento positivo que a May compartilha nas páginas a seguir. Inspire-se, para ser a cada dia mais feliz!

Max Ney Machado de Andrade

SUMÁRIO

Apresentação
Bem-vindo ao seu processo diário de transformação .. 11

Dia 1 - Estar presente é um presente................. 15
Dia 2 - A voz interior 18
Dia 3 - Não tenha medo do novo..................... 21
Dia 4 - O peso do julgamento 24
Dia 5 - O Divino está em tudo....................... 26
Dia 6 - A Lei do Reflexo 28
Dia 7 - Há uma razão para tudo 31
Dia 8 - A cidade dos chapéus 33
Dia 9 - Dois tipos de pessoas....................... 36
Dia 10 - Diálogos 39
Dia 11 - Lao Tsé 41
Dia 12 - Subindo a montanha 44
Dia 13 - Foco..................................... 47
Dia 14 - A Lei da Semeadura 50
Dia 15 - A Lei da Germinação 53
Dia 16 - O seu valor 56
Dia 17 - Errar é um presente 59
Dia 18 - O último dia da sua vida 62
Dia 19 - A pergunta que traz paz.................... 64
Dia 20 - Seja a mudança 66
Dia 21 - Além das aparências....................... 69

Dia 22 - Seja você mesmo 71
Dia 23 - Conhece-te a ti mesmo 74
Dia 24 - Rir é o melhor remédio 76
Dia 25 - Ambição 79
Dia 26 - Quem abençoa é abençoado 82
Dia 27 - Por que não? 85
Dia 28 - Seja como as crianças 88
Dia 29 - Estado de presença 90
Dia 30 - A bolsa da vida 93
Dia 31 - Algo diferente 95
Dia 32 - Sucesso 97
Dia 33 - Decida hoje 100
Dia 34 - Abundância e escassez 103
Dia 35 - A voz da Centelha 105
Dia 36 - O fluxo 107
Dia 37 - Ao acordar 109
Dia 38 - Soltando a resistência 111
Dia 39 - É dia de rir 114
Dia 40 - Confiança 116
Dia 41 - Respostas ao que você emana 118
Dia 42 - Aprender algo novo 121
Dia 43 - Não convença ninguém 123
Dia 44 - Respeite o seu dinheiro 126
Dia 45 - Invista em você 129
Dia 46 - Fale com os objetos 132

Dia 47 - A primeira intenção do dia 135
Dia 48 - A chuva da vida 138
Dia 49 - A semente da oportunidade 140
Dia 50 - O caldeirão 143
Dia 51 - Janelas da alma 145
Dia 52 - Visão de mundo 148
Dia 53 - Siga sua paixão......................... 151
Dia 54 - Quem você pensa que é?................. 155
Dia 55 - Tudo está bem 158
Dia 56 - Feliz pelo outro......................... 160
Dia 57 - Entrega................................ 163
Dia 58 - Dinheiro divertido....................... 165
Dia 59 - O corpo fala............................ 167
Dia 60 - Tolerância 170
Dia 61 - Tudo é energia 172
Dia 62 - A lição de Michelangelo.................. 175
Dia 63 - Expectativa X realidade................... 178
Dia 64 - Diga não............................... 181
Dia 65 - Olhar interior 184
Dia 66 - Os olhos da alma 187
Dia 67 - Os ouvidos da alma 189
Dia 68 - Sim, senhor............................ 191
Dia 69 - Andar na natureza 193
Dia 70 - Ouça seu corpo......................... 195
Dia 71 - O medo................................ 197

Dia 72 - Pensamento de escassez 199

Dia 73 - Vozes externas 202

Dia 74 - Peça entendimento 205

Dia 75 - Moeda corrente 207

Dia 76 - As palavras poderosas 210

Dia 77 - Ame primeiro a si 213

Dia 78 - Identificando o ego 215

Dia 79 - Honrando a gratidão........................ 218

Dia 80 - Porta-retrato.............................. 220

Dia 81 - A mandala.................................. 222

Dia 82 - A casa do dinheiro......................... 225

Dia 83 - O poder do seu nome 228

Dia 84 - Acredite que é fácil 230

Dia 85 - Efeito placebo............................. 233

Dia 86 - A intenção faz crescer 236

Dia 87 - Mensagens de amor ao Universo.............. 239

Dia 88 - Aprender é melhor do que ensinar 242

Dia 89 - A vida é um mar de rosas 245

Dia 90 - O poder da gratidão 248

Agora, siga uma vida mais leve e positiva 251

MINUTOS DE INSPIRAÇÃO

APRESENTAÇÃO
BEM-VINDO AO SEU PROCESSO DIÁRIO DE TRANSFORMAÇÃO

Na primeira vez em que morei nos Estados Unidos, antes mesmo de ter o meu canal Temporariamente Humana, eu fiz um curso do autor e palestrante canadense Bob Proctor chamado *Six Minutes to Success* (em português, Seis Minutos para o Sucesso). Durante seis meses, logo após acordar, eu assistia a vídeos curtos, que tinham a intenção de motivar a pessoa a começar o seu dia com energia boa, positiva e proativa. Eles me ajudaram muito, de uma forma rápida e eficaz. Foi uma experiência de transformação incrível!

Um tempo depois, quando criei o meu canal no YouTube, lembrei do quanto aquela forma prática de vídeos de seis minutos havia sido útil para mim. Percebi também que algumas Centelhas – como chamo os meus seguidores – falavam que tinham uma vida muito atarefada e que não conseguiam seguir um ritual matinal de expansão da consciência porque já acordavam na correria para ir trabalhar, fazer o café da manhã ou cuidar dos filhos. Achavam que era preciso ter muito tempo e muita dedicação para poderem, realmente, transformar a sua forma de pensar e reprogramar a sua mente do negativo para o positivo.

Percebi que todo esse esforço que meus seguidores falavam era, na verdade, uma crença. Eu sabia que não era necessário dedicar muitas horas do dia para fazer essa transformação, porque eu já havia passado pela experiência incrível com o curso do Bob Proctor. Então, tive a ideia de gravar pequenos vídeos de motivação, juntamente com desafios diários, para que eles assistissem pela manhã enquanto escovavam os dentes ou tomavam o café. Seriam conteúdos simples, que não tomassem mais do que seis minutos do tempo das pessoas, mas capazes de causar um grande impacto positivo nelas.

Assim surgiu o *Minutos de Inspiração*. Inicialmente, eram vídeos gratuitos, que fizeram muito sucesso. Em 2021, decidi estruturar melhor esse material, ampliando-o para um programa de 90 dias que passou a ser comercializado como curso. Com ele, quis mostrar para as pessoas que não é difícil, nem demorado, reprogramar a mente. Fiz um programa prático, de poucos minutos diários, focado nas pessoas que dispõem de pouco tempo para se dedicarem ao autoconhecimento e à reprogramação mental.

Mas por que 90 dias? Eu me inspirei no livro *Segredos da Mente Milionária*, de T. Harv Eker, o qual ensina que esse é o período ideal para se fixar um hábito sem o risco de perdê-lo. Segundo Eker, quando você faz algo por 90 dias, a probabilidade de relaxar e abandonar esse hábito é praticamente nula. Além disso, obtive alguns feedbacks de alunos que disseram achar 21 dias – outro período considerado para se instaurar um hábito – muito pouco e 365 dias (que era a minha ideia inicial para o programa) tempo demais. Então, 90 dias se tornou a dose perfeita para ter a segurança de que um hábito novo viria para ficar, sem tornar a missão muito cansativa. A ideia é que *Minutos de Inspiração* fosse um curso leve, porém eficaz.

E realmente a eficácia foi comprovada pelos muitos alunos que fizeram os 90 dias e me retornaram com boas notícias sobre os resultados alcançados. Para ampliar ainda mais esse programa vitorioso, dei um novo passo: transformá-lo em livro, que está em suas mãos agora. Eu amo ler, mas sei que muitas pessoas não têm o hábito da leitura. Então, meu objetivo foi oferecer a elas – e a todos que buscam reprogramar a sua mente – um livro leve, divertido e, sobretudo, prático, com a proposta de uma leitura rápida, diária e que trouxesse efeitos positivos para suas vidas. Além disso, ajudaria a colocarem em prática a rotina de uma leitura benéfica pela manhã, que é uma das formas de ajudar na expansão da consciência.

Assim, mais um desejo meu se manifestou na forma deste livro, que tenho certeza de que será um grande amigo ao seu lado diariamente, ao longo dos próximos 90 dias. A proposta é que você leia uma única inspiração por dia, escolhendo um dos dois momentos: assim que acordar ou pouco antes de dormir. Esses são os períodos em que a nossa mente subconsciente está mais propícia à reprogramação, à instalação de novos padrões positivos. Mas atenção: a cada dia, você terá um desafio, um exercício para fazer. Se optar por ler pela manhã, o ideal é cumpri-lo ao longo do dia. Mas se preferir ler antes de dormir, você deverá colocá-lo em prática no dia seguinte.

Tem mais um alerta: não se empolgue e saia lendo tudo de uma vez, como se fosse um livro comum. *Minutos de Inspiração* foi estruturado para ser como uma pílula de vitamina diária. Você não pega um pote de vitaminas e toma todos os comprimidos de uma vez, não é mesmo? Sabe que seu corpo precisa de um tempo para assimilar o que foi ingerido, e só no dia seguinte será necessário tomar mais uma pílula. Este livro, portanto, foi desenvolvido para trazer desafios diários. Ao longo das 24 horas, você vai deixar a informação recebida se integrar no seu sistema subconsciente, até que esteja pronto para absorver, no próximo dia, uma nova lição.

Dessa maneira, você terá a sensação de progresso. E mais importante do que chegar ao final do livro será ver em quem você se tornou quando estiver lá. Porém, essa transformação só ocorre em processos. Com *Minutos de Inspiração*, eu convido você a um processo diário, contínuo e constante. Vamos juntos, então, nos próximos 90 dias? Vai ser lindo participar da sua evolução.

Desejo a você não só uma boa leitura, mas um ótimo processo!

MINUTOS DE INSPIRAÇÃO

DIA 1
ESTAR PRESENTE É UM PRESENTE

Estar presente é um presente! Você já parou para pensar que a maior parte da sua atividade mental nunca está no agora? É verdade; e vou provar isso. A maioria das pessoas vive ocupada pensando no passado. Pode ficar lembrando de certas situações com saudosismo: "Ah, como era bom quando eu era criança... Como era bom quando eu morava naquele bairro... Como era bom quando eu tinha aquele emprego... Como era bom quando eu estava naquele relacionamento que me fazia tão bem...". Ou pode ficar lembrando do passado com mágoa e ressentimento: "Eu só estou nessa situação porque aquilo aconteceu comigo! Eu só estou com esse problema porque meus pais me tratavam daquele jeito!". Não é assim mesmo que acontece? Nesses casos, a pessoa mantém a sua mente presa ao que já passou.

Outra forma de não viver o presente é quando a sua mente está no futuro, preocupando-se com o que vai acontecer daqui a cinco minutos, dez minutos, um ano. "Será que vou chegar a tempo? Será que vou perder o ônibus? Será que no mês que vem conseguirei tirar férias? Será que no fim do ano vou passar o Natal com a minha família?" São muitos os "serás" que nos mantêm ocupados no futuro.

O filósofo chinês Lao Tsé já dizia: "Quando você está com a sua mente no passado, torna-se deprimido. E quando você está com a sua mente no futuro, ansioso. Mas quando você está com a sua mente no presente, torna-se contente". Outra frase de que gosto muito é de Eckhart Tolle, no livro *O Poder do Agora*: "A melhor maneira de você ter um futuro brilhante é estar no presente constante". Isso mesmo! Porque é o seu presente que vai criar o seu futuro.

> **Lembre-se:
> o passado não existe mais,
> já passou. Esqueça.**

E o futuro ainda não aconteceu. O único momento que existe é o presente. Só ele! É ele que dará o poder para você manifestar um futuro melhor.

EXERCÍCIO DO DIA

Eu quero convidar você a policiar a sua mente hoje, mantendo-se no presente a maior parte do tempo neste dia. Como fazer isso? Simplesmente vigiando a sua atividade mental. Quando você se pegar pensando no passado, diga a si mesmo: "Olha só, a minha mente está no passado!". Ou se preocupando com o futuro: "Te peguei, mente! Você está no futuro!". E então traga a atenção ao momento presente.

Outra técnica maravilhosa é o exercício da contemplação, também chamado de estado da presença plena. Basta se tornar um observador da sua realidade. Você caminhará e olhará as árvores, os pássaros no céu... Vai prestar atenção nos prédios, nos carros, nas pessoas que passam... Fique a maior parte do tempo mantendo-se no presente, percebendo tudo que está à sua volta. Afinal, vivemos com tanta pressa que nem nos damos conta das coisas ao nosso redor.

Então, você passará o dia de hoje mantendo-se no presente. Até o seu nível de estresse baixar! O objetivo é procurar fazer disso uma prática, para que deixe de ser uma pessoa magoada com o passado ou ansiosa com o futuro. Você será alguém que se sente satisfeito com o seu presente e, assim, vai naturalmente criar um futuro melhor.

MAY ANDRADE

DIA 2

A VOZ INTERIOR

  Você tem escutado a sua voz interior? Quando assisti à animação *Toy Story 4* com o meu filho Max, percebi algo bem parecido com o que sempre ensino no meu canal Temporariamente Humana: precisamos ouvir essa voz que vem de dentro de nós, a voz da nossa Centelha Divina, da nossa alma. No filme, o personagem Buzz Lightyear aprende que tem que ouvir a voz interior dele. Para isso, basta ele apertar um botãozinho em seu uniforme para escutar uma voz que diz o que ele deve fazer.

  Numa cena, Buzz quer ir embora, mas a voz interior diz para ele: "Volte para o quartel-general, soldado!". Porém, o boneco responde: "Não, eu não quero voltar". Então, aperta de novo o botão e outra vez escuta: "Volte agora para o quartel-general!". Buzz acaba obedecendo àquela voz e, depois, ele descobre que era realmente a melhor decisão a ser tomada.

Seria maravilhoso se nós tivéssemos um uniforme como o do Buzz Lightyear e bastasse apertar um botãozinho para conseguirmos ouvir a nossa Centelha nos dizendo o que fazer! Mas sabemos que não é tão simples assim. Afinal, a voz interior está por trás da nossa atividade mental. Por isso, praticar a contemplação, meditar e mergulhar no silêncio são atitudes importantes, porque é no silêncio que a nossa mente egoica consegue escutar essa voz que fala através de nós. E, nessa conversa, você já sabe: é ao infinito e além!

EXERCÍCIO DO DIA

Hoje, quando você estiver precisando tomar uma decisão, fazer uma escolha ou resolver um problema, pare, respire fundo, solte o ar devagar e faça silêncio por pelo menos 30 segundos. Deixe a sua mente em ponto zero. Apenas imagine um ponto à sua frente e foque nele, sem pensar em mais nada.

Ao silenciar a sua mente física, vai deixar a sua voz interior falar.

Antes de praticar esse exercício, você também pode fazer uma pergunta para a sua Centelha Divina. Respire fundo, solte o ar devagar e perceba o relaxamento de seu corpo. Isso é muito importante. Então, esvazie a sua mente por uns 30 segundos. E a resposta virá. Se ela não vier naquele exato instante, fique atento, porque chegará em algum momento do seu dia. Pode ser que você escute de alguma pessoa as palavras exatas que trarão a resposta. Ou talvez a encontre numa postagem nas redes sociais ou numa frase de outdoor. Fique atento aos sinais que a sua Centelha vai mandar para você.

MINUTOS DE INSPIRAÇÃO

DIA 3
NÃO TENHA MEDO DO NOVO

  Hoje, vou compartilhar com você mais uma lição que tirei da animação *Toy Story 4*. Já vou adiantando que tem um pouco de spoiler, mas é por uma boa causa. Quando eu e Max saímos do cinema após vermos esse filme, ele estava bem triste. Até chorou. E me pediu: "Mãe, escreve uma carta para a Disney. Eu não aceito esse final! Não pode separar o Woody e o Buzz, porque eles são melhores amigos desde o primeiro filme".

  Meu filho estava arrasado porque, no final, Woody trilha um novo caminho, indo morar em outro lugar, longe do Buzz. Então, disse ao Max: "Mas por que tristeza, se o Woody vai ficar bem? Ele reencontrou o amor da vida dele e escolheu ficar com ela. E o Buzz apoiou o amigo". Tentei consolá-lo, mas, no fundo, sei o quanto é difícil tomar uma decisão. Mas por que uma decisão como essa parece triste? Porque temos medo das mudanças.

Tememos o novo por estarmos acostumados com aquilo que é estável, do jeitinho que é. Porém, o estável é monótono. Voltando ao personagem Woody... para ele, não fazia mais sentido continuar do jeito que estava. É como se ele tivesse perdido a sua função junto aos outros brinquedos. E ele encontrou um novo caminho, onde se sentiria melhor e mais útil.

Quantas vezes, em nossa vida, temos medo da novidade? Quando você muda algo, como o seu cabelo, as pessoas ficam incomodadas com isso. Sempre tem alguém que comenta: "Preferia quando você era loura... Preferia quando seu cabelo era comprido...". Ou, se alguém fica um bom tempo sem o ver, quando reencontra, diz: "Nossa, como você mudou". Mas mudou como?

A mudança sempre traz algum tipo de choque. Porém, algo antigo se vai para que o novo aconteça. A evolução do planeta, inclusive das nossas vidas, se baseia na novidade. Guarde essa frase com você: o novo sempre traz evolução! No caso do Woody e do Buzz, fique feliz por eles, porque, com certeza, vão encontrar um novo rumo para suas vidas e isso não fará com que deixem de ser amigos. Da mesma maneira, a mudança que você precisa realizar na sua vida não vai fazer com que as pessoas que verdadeiramente torcem por você se afastem, porque quem o ama de verdade apoiará a sua decisão, assim como o Buzz fez.

MINUTOS DE INSPIRAÇÃO

EXERCÍCIO DO DIA

Pense em alguma vez que você mudou algo em sua vida e isso lhe fez muito bem. Escreva abaixo:

_____
_____
_____
_____
_____

Agora, registre a seguir algo que você precisa mudar atualmente:

_____
_____
_____
_____
_____

Perceba se está oferecendo alguma resistência em relação a isso, e se essa resistência à mudança causa desconforto em você. Em seguida, faça esta afirmação: "Eu aceito os movimentos que a vida está exigindo de mim".

Sinta como você fica mais leve quando declara isso. Faça essa afirmação ao longo do seu dia, sempre que notar que está resistindo às mudanças.

MAY ANDRADE

DIA 4
O PESO DO JULGAMENTO

    Vamos refletir sobre o peso do julgamento? Isso é algo que não é agradável para nenhum dos lados, nem para a pessoa que está julgando, nem para quem está sendo julgado. Pense em algum momento de sua vida em que você foi julgado erroneamente, em que tiraram conclusões precipitadas a respeito de você. Como se sentiu? Foi ruim, não é mesmo? Bem ruim! E você ficou com aquela vontade de se justificar: "Eu tenho que ir lá, vou dizer que não é bem assim. Eu não sou isso". Horrível! Eu já passei por essa situação muitas vezes e, quanto mais tentamos nos explicar, pior fica. Tenho certeza de que você já viveu essa experiência desagradável.

    Só que já parou para pensar que, muitas vezes, é você quem está na posição do juiz? E eu digo isso por mim também. A verdade é que nós julgamos o tempo todo:

a roupa do outro, aquela vizinha que faz tempo que não via e agora engordou, aquele político que aparece na televisão... Pensa coisas como: "Ela não se enxerga para usar essa roupa?", "Como é que pode, ela era tão magrinha...", "Esse político é um safado!". Sem que se dê conta, a energia do julgamento já estragou todo o seu dia. Ela o coloca numa frequência vibracional totalmente desagradável. E agora eu pergunto: você quer essa energia para você?

EXERCÍCIO DO DIA

Hoje, você passará o dia inteiro sem julgar ninguém. Confesso que não será nada fácil, mas acredito que irá conseguir. Você policiará a sua mente, o seu ego, para que não faça julgamentos. Vai ser um observador, aceitando as pessoas e os fatos como eles são. Confie que existe uma inteligência superior cuidando do seu país, da sua cidade, do seu emprego, das pessoas. Você verá que, quando assume a postura de jogar para fora de sua vida o juiz, o seu dia se torna muito mais leve e você se sente muito melhor. Quando o seu ego quiser que você julgue algo ou alguém, diga: "Essa toga de juiz, eu não uso mais!"

Liberte-se do julgamento. Você não precisa disso.

MAY ANDRADE

DIA 5
O DIVINO ESTÁ EM TUDO

O Divino está em tudo. Consegue perceber isso? Gosto muito da seguinte citação do autor britânico A.W. Pink: "Ó leitor, o seu pobre coração só encontrará paz quando aprender a ver a mão de Deus em tudo". Eu refleti bastante sobre essa frase e, de fato, só relaxamos quando começamos a compreender que existe uma inteligência divina em absolutamente tudo.

Você pode chamar essa inteligência como quiser: Deus, Vácuo Quântico, Éter, Matriz Divina... Existem vários nomes para essa Consciência Universal, mas o que importa saber é que ela criou todas as coisas e rege tudo o que há em nossa vida. Aceite que a essência do Divino está presente em absolutamente todas as coisas

Além disso, Deus está em mim, está em você e em todas as pessoas. A semente divina se encontra em todas elas, por mais que pareçam más ou mesmo que você não goste de alguém. Quando começar a ver a mão de Deus em tudo, inclusive no que há de mais desagradável, conseguirá encontrar a paz que tanto procura.

EXERCÍCIO DO DIA

O desafio de hoje é você ver a mão de Deus em tudo. Olhe para uma árvore e diga: "Deus está lá". Repare em um animalzinho, no pombo na calçada, até mesmo nos óculos que usa para ler este livro e pense: "Deus está lá, Deus está em todo lugar". Também quero que você veja o rosto de Deus em todos os rostos das pessoas com quem cruzar, incluindo o colega de trabalho, o seu vizinho ou o parente que acha insuportável. Tenho certeza de que, ao fazer isso, o seu dia vai ser muito, muito melhor.

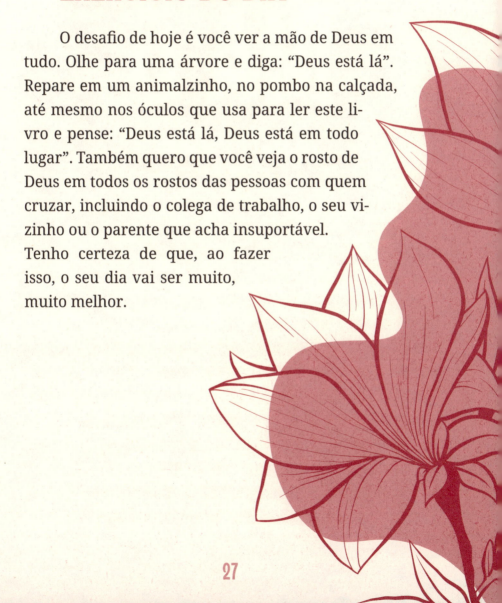

MAY ANDRADE

DIA 6
A LEI DO REFLEXO

Segundo um conto milenar japonês, existia uma aldeia afastada de tudo, no meio da floresta, e lá não havia espelhos. Ninguém nunca tinha visto a própria imagem. Até que uma moça superpositiva e feliz da vida se perdeu na floresta e encontrou uma casa linda, repleta de espelhos. Ela olhou para eles e, não sabendo o que eram, sorriu e viu várias imagens de uma moça sorridente. Quanto mais ela as via sorrindo – sem nem imaginar que se tratava do reflexo de si mesma –, mais sorria e mais recebia sorrisos de volta. Ela retornou maravilhada para a sua aldeia e disse para as pessoas de lá: "Encontrei uma casa cheia de lindas moças, felizes e sorridentes".

Uma outra moça, conhecida por ser sempre negativa, mal-humorada, pessimista e sisuda, falou que não acreditava nela. E resolveu ir até a tal casa. Ao se olhar em todos aqueles espelhos, sem saber que era a sua própria imagem, pensou que eram outras moças sisudas e rabugentas. Quanto mais ela via aquele reflexo desagradável, mais ficava brava e franzia o rosto. Saiu de lá correndo, assustada, e disse para todos na sua aldeia que era mentira da primeira moça, porque a casa não era nada agradável e lá não havia pessoas bonitas e sorridentes, e sim sisudas e rabugentas.

Até que um velho sábio chegou e concluiu: "A nossa vida é assim, como um espelho. Reflete para nós aquilo que nós damos para ela".

Então, se você sorrir para a vida, a vida sorrirá para você.

EXERCÍCIO DO DIA

Eu convido você a pôr na sua vida aquilo que deseja ver. Pratique hoje o exercício mental de imaginar que tudo à sua volta é uma projeção que sai de dentro de você, da sua própria consciência. Comece a olhar para o seu dia, para o seu trabalho, para o seu almoço, para o seu local de almoço, para as coisas mais simples do seu cotidiano como sendo um espelho. Cada pessoa que olhar para você, imagine que é seu próprio reflexo no espelho. Siga seu dia afirmando mentalmente: "Tudo isso que estou vendo é um reflexo da minha consciência". Se você começar a entender que a vida é baseada na Lei do Reflexo – uma lei universal que não se curva a ninguém –, verá que o único responsável por melhorar o seu dia é você mesmo.

Comece a plantar a imagem que deseja ver refletida de volta para você.

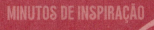

MINUTOS DE INSPIRAÇÃO

DIA 7
HÁ UMA RAZÃO PARA TUDO

Acredito que você já saiba que existe uma lei do Universo que diz que toda causa tem o seu efeito e todo efeito tem a sua causa. Ela revela que uma força exercida sobre algo vai devolver uma força igual. Ou seja, é a Lei de Causa e Efeito. Mas como podemos aplicar isso em nossas vidas para ter um dia mais inspirador? Entendendo que há uma razão para tudo.

Olhe para cada coisa que ocorre, tanto fora de você quanto dentro, e diga: "Ainda que eu não entenda, eu aceito que existe uma razão para isso estar acontecendo". Por exemplo, você pode ter recebido uma notícia que o chateou, mas não deixe isso tirar a sua paz. Ela é mantida quando você fala essa poderosa frase, que invoca a compreensão da Lei de Causa e Efeito. Você vai ver que a tranquilidade inundará o seu coração, diante de qualquer situação. Mesmo que de imediato não conheça o motivo, confie que tem uma mente superior cuidando de tudo.

EXERCÍCIO DO DIA

Hoje, quando ocorrerem situações com o potencial de deixar você indignado ou aborrecido, quero que, antes de explodir, diga a si mesmo: "Ainda que eu não entenda, sei que existe uma razão para o que está acontecendo. Tudo traz oportunidades de expansão para a minha consciência". A partir do momento em que você aceita isso como uma verdade – de que para toda causa há um efeito –, vai descansar em paz e ter um dia muito mais leve.

MINUTOS DE INSPIRAÇÃO

DIA 8
A CIDADE DOS CHAPÉUS

Existia um reino mágico, chamado a Terra dos Chapéus, onde todas as pessoas usavam o acessório do nome. Certa vez, um aventureiro foi parar lá acidentalmente. A primeira coisa que ele percebeu foi que todos os moradores, fossem crianças, adultos ou idosos, estavam de chapéu. E ele ficou muito intrigado com isso.

Só que o aventureiro notou que, além disso, os chapéus se transformavam. Naquele vai e vem de pessoas, viu que eles mudavam de forma e de cor. Alguns eram grandes, bonitos, coloridos, com flores e penas. Outros, de uma cor só, mórbidos, monstruosos ou tristes. De repente, o que estava colorido na cabeça de alguém virava sombrio e com uma cor apagada. Ou o contrário: um chapéu esquisito se tornava um arco-íris.

Muito assustado e curioso, decidiu perguntar o porquê para alguém que estava com um chapéu colorido, já que essa pessoa tinha uma feição tão boa quanto o acessório que usava. Ela explicou: "É porque nossos chapéus são mágicos e mostram o estado de espírito de cada um de nós".

Essa historinha nos remete a uma lição do livro *O Caibalion*, a qual diz que os nossos estados mentais não são quem nós somos ou a nossa identidade. Não existe uma pessoa que é triste e uma que é feliz. Todos os estados mentais estão sujeitos a mudar e seriam como roupas que podemos trocar. Então, você não tem a obrigação de ser sempre uma pessoa triste; pode escolher mudar o seu estado mental assim como troca de roupa.

E como mudar os seus estados mentais? Modificando os seus pensamentos. Quais os pensamentos que ocupam a maior parte do tempo a sua cabeça: os positivos, de elevação, ou os de tristeza, raiva, medo, angústia, preocupação? Lembre-se: os pensamentos que escolher alimentar vão determinar qual chapéu aparecerá na sua cabeça.

EXERCÍCIO DO DIA

Imagine que está usando um chapéu e ele vai se transformar de acordo com o seu estado mental. Passe o dia inteiro pensando que está com um lindo chapéu colorido, representando algo maravilhoso que queira para a sua vida. Quando você se sentir um pouco para baixo, pense: "Opa, meu chapéu está se transformando em algo que eu não quero". Assim, não se distraia e trate de mudar o seu foco para algo mais agradável.

MAY ANDRADE

DIA 9
DOIS TIPOS DE PESSOAS

Albert Einstein disse: "Há duas maneiras de viver a vida. A primeira é acreditar que milagres não existem e a segunda é acreditar que tudo é um milagre". Nessa frase, você vê dois tipos de pessoas: aquelas mais céticas, que não acreditam em nada além da matéria, e as que de fato creem em coisas além daquilo que os olhos podem ver.

Qual dessas duas pessoas você quer ser? Você pode escolher isso. Em geral, percebo que os muito céticos são um pouco pessimistas. É o tipo de gente que você começa a conversar e logo escuta: "Hum, não acredito. Isso aí não é possível, não. Ninguém faria isso". Em seguida, começa a dar um monte de razões pelas quais o que você está falando é impossível.

A verdade é que pessoas assim costumam morder a própria língua. Quantas vezes não foi falado que era impossível o homem voar? E, no entanto, hoje nós temos o avião. Ser cético, realmente, não traz muitos benefícios e mantém a mente um pouco mais fechada. Já a pessoa que acredita em infinitas possibilidades está aberta às surpresas da vida, crê que esse mundo não é apenas o que os nossos cinco sentidos podem perceber e que existe muito mais. Aceita que tudo é possível, que tudo é um milagre.

Se Einstein, que foi um grande cientista que mudou a história, acreditava em milagres, por que nós não vamos crer? Podemos decidir ter mais fé, não duvidar de nada. Eu sou aquele tipo de pessoa que, se perguntam se acredito em duendes, fadas, sereias, anjos ou seja lá o que for, digo: "Acredito em tudo!". Creio que existe tudo o que você imaginar, porque a mente do Todo, a mente que originou esse Universo, não iria se limitar a criar somente o que vemos. Seria pequeno demais. Eu acho que a mente de Deus, da consciência criadora, é muito maior do que podemos imaginar. E por que a sua também não pode ser?

Então, acredite nas infinitas possibilidades, porque a vida é cheia de milagres.

EXERCÍCIO DO DIA

  Vá para um local calmo em sua casa, onde não será incomodado. Sente-se, feche os olhos e faça algumas respirações profundas. Agora, veja na sua tela mental uma situação que você deseja, só que acha muito difícil de acontecer – até mesmo impossível, um verdadeiro milagre. Então, afirme para si mesmo: "Minha querida Centelha Divina, eu me abro para as infinitas possibilidades que só você conhece".

  Ao rebater o pensamento de dúvida e medo com essa afirmação, você muda a sua energia em relação ao que quer manifestar para uma energia que o conecta às infinitas possibilidades. Isso acalma a sua mente, que, enfim, pode descansar na confiança de que a Mente Superior conhece caminhos que a sua mente humana desconhece. Essa atitude interna alinha você com a frequência dos milagres.

  Em seguida, visualize cada detalhe da cena que deseja tornar realidade e sinta as sensações. Permaneça assim durante alguns minutos, abra os olhos e acredite que isso pode se tornar realidade. Se a mente do Todo é capaz de criar, a sua mente também. Você tem tudo para ser um cocriador da sua realidade.

Acredite!

MINUTOS DE INSPIRAÇÃO

DIA 10

DIÁLOGOS

Você sabe para que as pontes servem? Tenho certeza que sim. Elas ligam um ponto ao outro, para que as pessoas possam acessar de um pedaço de terra até outro pedaço de terra. Mas qual a novidade até aí? Bem, vamos fazer uma analogia na nossa reflexão de hoje. Assim como a ponte liga diferentes espaços, a comunicação liga as pessoas umas às outras.

Talvez exista alguém em sua vida que você tenha queimado a ponte. Não se aproxima mais ou algo está estranho, não é mesmo? O que está faltando para que você se reconecte a essa pessoa? Talvez seja construir uma nova ponte. E essa ponte é o diálogo, é conversar. O problema é que nós queremos que o outro adivinhe o que estamos sentindo. "Mas é óbvio, já era para ele saber que fiquei magoado. O que ele fez foi um absurdo. Pior que nem reconhece, nem toca no assunto, não me entende...

E não adianta vir conversar, porque eu não quero". Assim, nos afastamos das pessoas. Derrubamos as pontes que são tão importantes para nós. Mas bastaria um simples diálogo, uma conversa de coração aberto, para esclarecer tudo.

Tem alguém importante na sua vida que você queimou a ponte? Sente que isso dói em você? Às vezes, até faz bastante sentido você ter queimado essa ponte, mas analise se não foi só um ato de orgulho ou de querer que o outro adivinhe o que você está sentindo. Apenas abra o seu coração, dê uma chance a esse relacionamento, construa uma nova ponte.

EXERCÍCIO DO DIA

Está preparado para um grande desafio? Tenho certeza de que você é capaz, por mais difícil que possa parecer. Hoje, tire um tempo e medite sobre essa pessoa importante com quem você queimou a ponte. Mentalize a Centelha Divina dela, como uma bola de luz branca no alto da cabeça da pessoa, e comece a falar com essa Centelha. Abra o seu coração e peça uma oportunidade de aproximação e que tudo se resolva com paz para todos os envolvidos.

Sinta se, após esse exercício, vem alguma inspiração para conversar com ela e a procurar. Caso sim, apenas seja sincero, fale o que está sentindo, sem exigir que a pessoa mude. Simplesmente expresse os seus sentimentos. Uma conversa banal pode ser a ponte que você precisa para restaurar relacionamentos tão importantes.

MINUTOS DE INSPIRAÇÃO

DIA 11
LAO TSÉ

    Lao Tsé, o grande filósofo da Antiga China, morava numa aldeia, ao pé de uma montanha muito grande e bonita. Ele tinha um costume: todo dia, religiosamente, saía da casa um pouco antes do amanhecer e subia a montanha. Até que um vizinho lhe perguntou: "Por que você sobe a montanha toda madrugada? O que tanto faz lá?". Lao Tsé respondeu: "Eu subo e contemplo o nascer do sol". O vizinho ficou encantado com isso e pediu para ir junto. Então, Lao Tsé falou: "Você pode, mas com uma única condição. Não pode falar nada, do início ao fim da caminhada. Não pode me dizer oi, não pode me dizer tchau, não pode comentar nada. Tem que ficar apenas calado o caminho inteiro". Mesmo achando isso muito estranho, o vizinho aceitou a condição.

No dia seguinte, Lao Tsé passou à frente da casa do vizinho, que o acompanhou sem falar uma palavra. Durante todo o caminho, observou Lao Tsé, que apenas olhava de um lado para o outro, de cima para baixo, mas nada falava. Quando chegaram no alto da montanha, o filósofo se sentou numa pedra para ver o sol nascer. O vizinho fez o mesmo, sem nada dizer. Até que o sol nasceu, com seus raios lindos iluminando todo o vale, que eles contemplavam lá do alto. Terminado o espetáculo, Lao Tsé se levantou em silêncio e começou a descer junto com o vizinho, que também seguiu calado.

Isso aconteceu por 30 dias. Certa vez, o cunhado do vizinho estava em sua casa e pediu a Lao Tsé que o deixasse ir com eles ver o nascer do sol. Lao Tsé concordou, mas desde que o cunhado respeitasse a regra. E ainda avisou: "Se ele falar, você nunca mais vai subir a montanha comigo". No outro dia, os três foram juntos. Durante todo o caminho, ficaram calados. Mas, quando o sol nasceu, o cunhado não resistiu e falou: "Que lindo!". Lao Tsé olhou fundo nos olhos do rapaz, mas nada disse. Porém, o vizinho percebeu que ele não havia gostado nada daquilo.

Quando os três terminaram de descer a montanha, Lao Tsé disse para o vizinho: "Nunca mais você irá comigo, porque quebrou a regra". O vizinho tentou se defender: "Mas, Lao Tsé, você está sendo muito radical. Meu cunhado ficou calado o caminho inteiro e só disse que o sol era bonito. Não é justo, porque é bonito mesmo". Então, Lao Tsé rebateu: "Olha, não foi só isso o que ele falou. Durante todo o caminho até o alto da montanha, a mente dele não parou de tagarelar, dizendo 'isso é bonito', 'isso é bonito', 'isso é bonito'. Quando chegou lá em cima, a boca só colocou para fora aquilo que a mente já estava falando há muito tempo".

O que essa história nos ensina? O poder da contemplação! Você deve contemplar e cuidar da sua atividade mental. Porque, se ficar pensando, pensando, pensando, pensando em algo, a sua boca vai falar. Não deixe a sua mente tagarelar.

EXERCÍCIO DO DIA

Convido você a praticar esse exercício de Lao Tsé. Hoje, veja as coisas sem ficar falando: "Isso é bonito, isso é feio, isso é grande, isso é pequeno...". Apenas contemple.

Olhe ao seu redor como testemunha, como uma pessoa que simplesmente está observando, sem julgamentos.

MAY ANDRADE

DIA 12

SUBINDO A MONTANHA

    Você sabia que a montanha é símbolo de desafio e conquista? Sempre dizemos que no alto da montanha tem a recompensa, que é lá que vamos encontrar o nosso objetivo. Só que eu acho que acabamos interpretando essa analogia de uma maneira um pouco equivocada, associando subir a montanha – ou seja, conquistar o nosso objetivo – com uma tarefa árdua e difícil. Nem sempre! Tudo depende do seu sentimento.

    O fato é que existem várias formas de chegar ao alto de uma montanha, e você tirará proveito daquela que acredita ser mais capaz. Pode ir a pé, de mountain bike, de motocicleta off-road e até mesmo de helicóptero. São várias as possibilidades! O problema da maioria das pessoas é achar que uma forma vale mais do que a outra. Temos a tendência de dizer: "Quem sobe a pé e vai se ralando todo vale muito mais do que quem vai de helicóptero. Esse não tem mérito, não tem honra".

Mas a verdade é que o seu sentimento é que determinará qual o caminho adequado para você, qual o caminho de menor resistência. A subida da montanha não precisa ser sofrida, forçada, dolorosa para alcançar o seu objetivo. Você não tem que trabalhar muito, suar e se desgastar com aquele sofrimento todo. Não! Se não contar com um helicóptero para subi-la, não há problema. Você chegará lá do mesmo jeito.

Mesmo indo a pé, o que pode fazer? Aproveitar a jornada! Suba a montanha no seu ritmo. Quando cansar, descanse debaixo de uma árvore. Saiba que as árvores no meio do caminho, com suas sombras maravilhosas, representam um refrigério, um oásis. Naquele momento da vida que você pensa que não vai mais aguentar a subida, apenas pare, descanse, respire, distraia o pensamento e, quando se sentir mais bem-disposto, retome a caminhada. E lembre-se de aproveitar a vista não só no topo, mas também ao longo de todo o trajeto.

Então, desfrute bem da sua jornada inteira porque, quando você chegar lá no alto da montanha, contemplará o seu desejo realizado. Só que aí vai querer outro. Porque é sempre assim: você realiza um sonho e parte para outra jornada.

EXERCÍCIO DO DIA

Hoje, quero que você pense em um objetivo que ainda está no alto da montanha. Talvez você não tenha ideia de como vai conseguir chegar lá, mas lembre-se de que nunca está sozinho, pois sua Centelha Divina, que é o seu Eu Superior, está sempre com você. Onde sua visão termina, a visão da Centelha alcança muitos quilômetros adiante. O "como" não é com você, é com a sua Centelha. Apenas se visualize celebrando e pulando de alegria no alto da montanha com o seu desejo realizado, sem se preocupar em saber como chegou lá. Conclua a sua visualização afirmando: "Centelha Divina, Deus em mim, me conduza ao alto dessa montanha por um caminho de menor resistência".

MINUTOS DE INSPIRAÇÃO

DIA 13

FOCO

    Steve Jobs, o grande fundador da Apple, já dizia que ter foco é saber dizer não. Isso é muito interessante porque, sempre que pensamos em ter foco, o que vem à nossa mente é: "Pense no seu objetivo, foque na sua meta, corra atrás dela". É ou não é? De fato, eu também pensava assim, até conhecer essa frase do Steve Jobs, que foi uma filosofia de vida para ele.

    O que ele quis dizer com isso? É que, quando você foca em algo que deseja, tem que dizer não muitas vezes para todas as outras coisas que são diferentes do seu objetivo. Se não aprender a dizer não para aquilo que o afasta da sua meta, nunca vai conseguir chegar aonde quer. Podem vir outros convites, outras oportunidades: "Pense bem, talvez seria melhor você tomar outro caminho". O melhor, nesse caso, é dizer não.

Digamos que você tenha um objetivo X. Mas aí aparece alguém dizendo: "Por que você não vai para Y? Y é mais barato e você chega mais rápido". E aí você pensa: "Hum, pode ser uma boa ideia...". Mas lembre-se: Y não é X. Não é o que você quer. Então, por mais maravilhosa que pareça ser a oportunidade, se ela o leva para longe do seu sonho, tem que dizer não. Você só dirá sim para aquilo que realmente combina com o seu objetivo, que vai levá-lo ao caminho que deseja chegar.

Vamos a outro exemplo. Imagine que o seu objetivo é chegar ao alto de uma montanha. Enquanto você está na base, decidindo como fará para subir, aparece alguém dizendo: "Se eu fosse você, subiria aquela outra montanha, que é mais baixa, para chegar mais rápido e com menos trabalho. E, se quiser, ainda levo você de carro". Porém, se o seu desejo for realmente forte, você vai responder: "Não, obrigado pelo convite, mas essa oportunidade me afasta do meu objetivo".

Porém, chega outra pessoa dizendo que irá de jipe até a metade do caminho e pode lhe dar uma carona. Ótimo! Você aproveita essa oportunidade, porque ela vai ajudar você a chegar à sua meta. Portanto, para as oportunidades que combinam com o seu objetivo, diga sim. E para aquelas que não o ajudam, mesmo que pareçam maravilhosas, você tem que dizer não.

MINUTOS DE INSPIRAÇÃO

EXERCÍCIO DO DIA

Quantas vezes você já disse sim quando, na verdade, desejava dizer não, e depois se sentiu frustrado porque aquilo o afastou de algo que realmente queria? Então, o exercício de hoje é que você reflita sobre isso e, de uma próxima vez, procure fazer diferente. Aprenda a dizer não para aquilo que o leva para longe dos seus sonhos e objetivos. Anote aqui embaixo o que realmente é essencial para você e quais são os seus verdadeiros desejos:

_____
_____
_____
_____
_____
_____
_____
_____
_____

Após a anotação, reflita: com quais atividades você tem gastado a maior parte do seu tempo? Será que elas estão o afastando ou aproximando dos seus verdadeiros objetivos?

MAY ANDRADE

DIA 14

A LEI DA SEMEADURA

"Faça o bem sem olhar a quem." Você já parou para pensar quanta sabedoria há nesse ditado popular? De fato, você precisa fazer o bem sem olhar a quem porque o bem sempre volta para nós. Na verdade, está fazendo o bem para você mesmo. E eu garanto que isso acontece porque existe uma lei no Universo que ficou muito conhecida como Lei da Semeadura.

Ela diz que a semente que você plantar será o fruto que você colherá. Ou seja, se quiser comer maçãs, plante sementes de maçã. Se quiser comer cenoura, plante sementes de cenoura. Assim como na natureza, o mesmo acontece em nossa vida por meio de nossas ações, palavras e sentimentos. Tudo isso é semente. Tudo o que você fala, deseja e faz para o outro está plantando para depois colher. E quem vai comer o fruto dessa semente que você está plantando na vida do outro? Você mesmo! Sim, você planta, você colhe. É uma lei que governa o Universo. Ela também é chamada de Lei de Causa e Efeito – todo efeito tem uma causa. Então, se você provocou algo, é provocação o que terá de volta.

Mas essa lei costuma ser vista somente de uma maneira negativa. As pessoas sempre lembram: "Olha, se você fizer o mal para alguém, isso volta para você". Esquecem dessa lei quando se trata de algo bom. Por exemplo, pense no que você deseja. Está precisando de mais dinheiro em sua vida? Então, que tal plantar a semente daquilo que você quer colher na vida do outro? Pegue um certo valor (R$ 5, R$ 10...) e diga: "Semente do dinheiro, eu planto você na vida de alguém e colho na minha. Gratidão". Olhe para a nota como sendo uma semente. E lembre-se de ser generoso, porque é a semente que você está plantando para colher na própria vida.

Só que plantará essa semente de um jeito diferente: vai dar esse dinheiro para uma pessoa sem que ela saiba que você plantou a semente nela. Não sei de que forma fará isso. De repente, se está num estacionamento, prenda a nota no limpador de para-brisa de algum carro e vá embora. Deixe o Universo se encarregar de direcionar quem pegará aquela nota, que, com certeza, vai abençoar a vida de alguém. Esse é só um exemplo. Você pode simplesmente passar perto de alguém em situação de rua, fingir que a nota caiu perto dele e ir embora. Não deixe a pessoa lhe agradecer, porque senão já estará recebendo a sua recompensa, que é o agradecimento.

Fazer o bem sem olhar a quem é você dar com uma mão e não deixar a outra saber. Isso é a verdadeira semente do bem. Porque quando você ajuda o outro e diz "Olha, eu ajudei", ou faz um post nas redes sociais mostrando a doação de roupas e alimentos para uma instituição de caridade, já recebeu a sua recompensa. Mas quando doa silenciosamente, é mágico: O que você precisa, receberá. Seja amor, reconhecimento ou um elogio, plante exatamente isso na vida de outra pessoa.

EXERCÍCIO DO DIA

Pense sobre o que você deseja receber do Universo. Em seguida, peça inspiração à sua Centelha Divina, para ter ideias de como plantar exatamente isso na vida de outra pessoa. Por exemplo: você quer que as suas habilidades sejam mais reconhecidas? Sua tarefa hoje, no seu trabalho, é plantar elogios na vida de seus colegas. Elogie-os e, logo, logo fará a sua colheita, está bem? Caso você não trabalhe, faça o mesmo com as pessoas da sua família.

MINUTOS DE INSPIRAÇÃO

DIA 15
A LEI DA GERMINAÇÃO

Nada mais lindo do que um jardim repleto de flores, com formatos e cores diferentes. E não é só isso que diferencia uma flor da outra. Existe também a Lei da Germinação, que determina o tempo que cada semente leva para se transformar numa flor, numa fruta, numa árvore... Nós entendemos e respeitamos essa lei quando se trata da natureza. Mas será que compreendemos a Lei da Germinação em nossa vida?

Aprendemos várias técnicas de manifestação de nossos desejos com a Lei da Atração, e queremos que se realizem da noite para o dia. Sentimos pressa, angústia e vontade de que tudo aconteça com muita rapidez. Porém, cada desejo que você emana para o Universo é semelhante a uma semente, a qual você planta no seu subconsciente e leva um tempo para germinar e se manifestar no mundo físico.

Aprenda a respeitar a Lei da Germinação em sua vida. Quando um jardineiro joga as sementes na terra, não quer ver o jardim pronto no outro dia. Ele sabe o tempo que demora para ficar tudo florido. Então, entenda que cada pedido, assim como cada semente, tem seu tempo determinado para acontecer. Como já dizia o sábio Salomão, há tempo para tudo debaixo do sol.

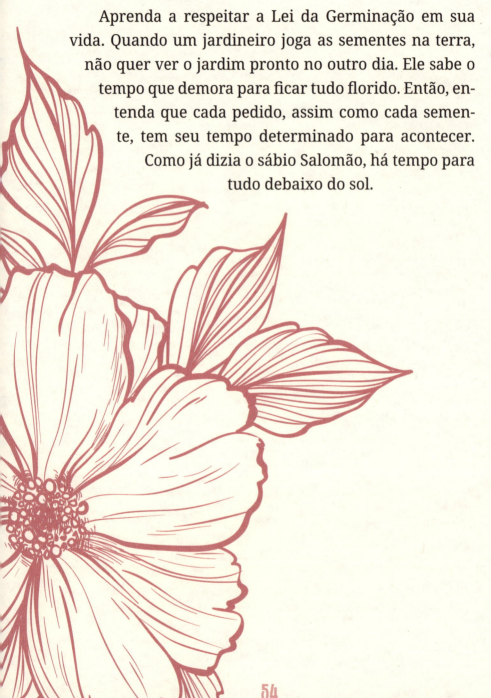

MINUTOS DE INSPIRAÇÃO

EXERCÍCIO DO DIA

Preencha o quadro abaixo. Na primeira coluna, coloque os projetos que você tem. Na segunda, escreva as sementes para conquistá-los (as ações que precisava fazer). Na terceira, insira a estimativa de tempo que cada um pode levar (se não souber a data exata, coloque curto prazo, médio prazo ou longo prazo). Lembre-se sempre de regar, ou seja, de agir para que seus desejos se materializem.

Projeto	Semente (ações)	Tempo de colheita

MAY ANDRADE

DIA 16
O SEU VALOR

  Você já parou para pensar em quem determina o valor das coisas? Quem diz que algo vale mais ou menos? E nós, temos algum valor? Sem dúvida, mais do que a nossa compreensão pode imaginar. E quem estipula isso? Você precisa ser a pessoa que vai determinar o seu próprio valor.
  Vou dar um exemplo. Certa vez, eu estava com o meu marido numa fazenda histórica e lá havia um carro todo enferrujado, sem roda, muito antigo. Para mim, não passava de um carro velho qualquer. Mas o Elson ficou interessadíssimo e disse que era da marca tal, do ano tal e que se tratava de uma relíquia. Se alguém o comprasse e o reformasse, ele passaria a ter um valor inestimável. Já eu, por falta de conhecimento sobre o assunto, não identifiquei o valor daquele carro porque o julguei pela aparência.

Assim, se as pessoas querem julgar você lhe dando um valor menor do que é o seu de fato, isso acontece apenas pela falta de conhecimento delas sobre você. Eu, por exemplo, já trabalhei com encomendas de bolos e alguns clientes não compravam porque diziam que estava muito caro e outros pediam para eu baixar o preço. Mas a verdade é que, se alguém não dá o valor que você merece, o problema não é seu, e sim da outra pessoa que não merece você.

Isso serve para tudo na vida. Se dê o valor que realmente tem. Olhe-se no espelho e determine o seu valor. Ninguém pensa sobre isso... Quanto custa uma hora do seu dia? Já fez as contas? É importantíssimo que entenda que é você quem determina o seu valor. Você não precisa se rebaixar para nada, nem ninguém. Voltando ao exemplo do carro, eu não dei valor porque não tinha conhecimento; então, não merecia aquele carro. Mas um colecionador de carros antigos iria dar o valor devido, porque entende o que representa aquele veículo. Portanto, seja um visionário. Dê sempre o valor que você merece a si mesmo, está bem?

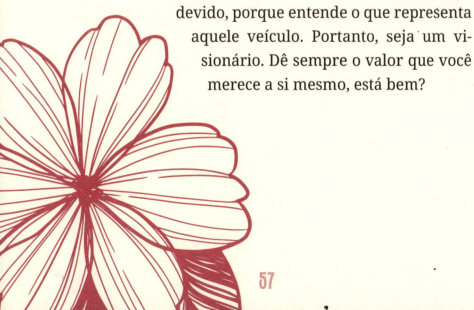

EXERCÍCIO DO DIA

Pare para pensar: quanto vale uma hora do seu dia? Liste abaixo tudo o que você faz e que tem muito valor. A partir daí, estabeleça quanto você vale, mesmo que isso não possa ser pago com dinheiro.

SEUS ATRIBUTOS

_____
_____
_____
_____
_____
_____

SEU VALOR

_____
_____
_____
_____
_____
_____

MINUTOS DE INSPIRAÇÃO

DIA 17

ERRAR É UM PRESENTE

  Nós sempre ouvimos a famosa frase: errar é humano. De fato, os seres humanos erram. Mas eu digo mais: errar é um presente. E afirmo isso com base em mais uma frase de Steve Jobs: "Você pode encarar um erro como uma besteira a ser esquecida ou como um resultado que aponta para uma nova direção". Por isso, errar pode ser um presente, sim. Depende da forma como você vai encarar o erro.

  Algumas pessoas veem um erro como uma besteira a ser esquecida, não é mesmo? "Ah, isso foi só uma besteira... Aconteceu, passou, acabou..." Outras chegam a achar que o erro significa o fim de toda a sua existência. Fazem um drama, dando uma importância extrema a um resultado indesejável na vida. Mas nem uma coisa, nem outra. Você não pode esquecer o erro como se fosse uma besteira, com a qual não aprendeu nada, nem fazer dele o fim do mundo – a famosa tempestade em copo d'água.

Dependendo das circunstâncias que envolvem o erro, os resultados são diferentes e alguns impactam mais a nossa vida. Porém, não se esqueça: é possível aprender com nossos erros. Como diz a segunda parte da frase do Steve Jobs, eles podem ser um resultado que aponta para uma nova direção. Assim, quando você tiver um objetivo e, no meio do caminho para atingi-lo, acontecer o que chamamos de "erro", diga para si mesmo: "O que eu posso aprender com isso? O que essa situação veio me ensinar e como posso sair mais forte e mais sábio disso?". Dessa maneira, o erro veio para lhe ensinar e o tornar mais experiente e mais forte. Tudo tem uma lição escondida. Basta sabermos identificar e sair desse mau resultado para uma nova direção. Descubra qual é essa nova direção e você, com certeza, sairá vitorioso de qualquer situação indesejável.

MINUTOS DE INSPIRAÇÃO

EXERCÍCIO DO DIA

Faça um inventário de pelo menos três erros que já aconteceram em sua vida e inclua os aprendizados que eles trouxeram para você. Ao adquirir essa consciência, vai entender que a frase de Steve Jobs está para lá de certa! Você sempre cresce após atitudes ou situações que pareciam erradas.

ERRO 1

_____
_____
_____

ERRO 2

_____
_____
_____

ERRO 3

_____
_____
_____

MAY ANDRADE

DIA 18
O ÚLTIMO DIA DA SUA VIDA

  E se hoje fosse o último dia da sua vida? Todo mundo se faz essa pergunta, vez ou outra. Mais uma vez, trago um ensinamento de Steve Jobs para refletirmos. Todos os dias pela manhã, ele se perguntava: "E se hoje fosse o último dia da minha vida, será que eu estaria indo fazer o que vou fazer hoje?". Jobs revelou que, quando a resposta era não por vários dias seguidos, sabia que algo precisava mudar na vida dele.

  Então, faça-se essa pergunta todos os dias, por uma semana, dez dias, um mês... E não tem problema se a resposta for não. Apenas vai indicar que alguma coisa precisa ser modificada. Lembre-se: você cria a sua realidade. Ninguém é obrigado a viver uma vida que não quer ou de que não gosta. Há sempre alternativas esperando na próxima esquina, basta você acreditar que é possível.

Hoje, eu acordei e me fiz essa pergunta. E a resposta foi sim! Eu ficaria feliz se hoje fosse o meu último dia de vida e eu estivesse indo realizar tudo o que já venho fazendo. Tem muitos objetivos que eu ainda quero alcançar na vida, mas, para o meu momento presente, estar gravando vídeos, escrevendo livros e falando de assuntos motivadores e inspiradores realmente me deixa feliz ao acordar todas as manhãs, imaginando: "Poxa, se hoje fosse o meu último dia, sem dúvida, eu morreria feliz sabendo que deixei muitas pessoas inspiradas e motivadas, fazendo algo que eu amo e acredito muito".

EXERCÍCIO DO DIA

Quero que você responda à seguinte pergunta:

"E se hoje fosse o último dia da minha vida, será que eu estaria indo fazer o que vou fazer hoje?".

Numa folha de papel, anote a resposta e, seja "sim" ou "não", escreva ao lado o que você está indo fazer. Repita esse processo por mais dez dias (ou, até mesmo, por um mês, se achar necessário), sempre anotando na mesma folha. Ao final desse período, leia todas as suas anotações para saber o que precisa mudar na sua vida (as respostas negativas) e qual caminho você tem que seguir (as respostas positivas).

MAY ANDRADE

DIA 19
A PERGUNTA QUE TRAZ PAZ

Qual é a pergunta que traz paz interior? Aprendi isso com Wayne Dyer, autor americano de livros de autoajuda, que falava muito sobre Lei da Atração e taoísmo. Ele ensinou muitas estratégias para fazermos autorreflexões, com perguntas para nós mesmos, afirmando que as respostas trariam a solução para a questão que estivesse nos incomodando.

Em relação à pergunta que traz paz, sempre que você precisar tomar uma decisão ou estiver pensando em algo que drene a sua energia, deve se perguntar: "Como me sinto sobre isso? Isso me traz paz?". E espere a resposta vir da sua alma, do seu subconsciente. Se for "isso não está me trazendo paz, não me sinto bem quanto a isso", pare imediatamente de dar atenção a essa questão e pense diferente. Coloque seu foco no que traz paz ao seu coração. Pense somente em coisas que lhe tragam tranquilidade e bem-estar.

Você pode usar essa estratégia em várias situações. Por exemplo, quando estiver numa roda de amigos, pense: "Será que essa conversa com essas pessoas está me trazendo paz?". Se não estiver, peça licença e vá fazer outra coisa. Procure alimentar a sua mente com algo que transmita paz a você. É assim que você descobre a paz interior em meio à guerra. Ainda que o seu dia a dia seja corrido, tumultuado, cheio de tarefas e com pessoas negativas à sua volta, faça a pergunta mágica para trazer paz, mesmo em meio a tantas atribulações.

EXERCÍCIO DO DIA

O seu desafio de hoje é: quando estiver fazendo, falando ou pensando algo que drene sua energia ou atenção, pare imediatamente. Em seguida, se faça a pergunta:

"Isso me traz paz?". Se a resposta for não, mude o seu foco de ação ou pensamento.

MAY ANDRADE

DIA 20

SEJA A MUDANÇA

  Você já deve ter ouvido a famosa citação de Mahatma Gandhi: "Seja você a mudança que quer ver no mundo". Embora popular, essa frase do ativista indiano é pouco compreendida e a maioria das pessoas não a põe em prática. Por exemplo, alguns anos atrás, aconteceu uma grande enchente no estado onde eu morava. Foi uma tragédia e muita gente perdeu suas casas. Nas redes sociais, o que mais vi foi: "Tudo isso é culpa desses políticos, são uns ladrões de colarinho branco". As pessoas praguejavam jogando todo o seu ódio contra o governo, por conta daquele desastre da natureza.

  Só que ninguém estava colocando o foco no que também deveria ser. Se acontece uma enchente como essa, são vários fatores que colaboram para isso, e um deles é o lixo jogado nos bueiros, que entope o encanamento.

E essa era a realidade daquele local, onde os moradores jogavam seus lixos nas ruas. Por melhor que seja o sistema de drenagem de água, não vai conseguir funcionar se estiver tudo entupido.

Nesse caso, faltou responsabilidade individual. Gostamos muito de colocar a responsabilidade no geral, mas a frase do Gandhi fala justamente o oposto: devemos começar em nós a mudança que desejamos ver no mundo. Reclamar de fatores externos não vai modificar o mundo, mas apenas trazer indignação, raiva e revolta, que não alteram nada. A mudança só ocorre quando cada um de nós decide ser a mudança. A história de Gandhi é justamente essa: quando ele começou a fazer diferente ao lutar pela independência da Índia de forma pacífica, mais pessoas se transformaram e se juntaram àquela causa.

E como você pode fazer a mudança no mundo? Por exemplo, se não gosta de ver os estragos causados por uma enchente, não jogue papel e restos de cigarro na rua. Tente seguir um dos meus hábitos: quando vou colocar algo numa lixeira de rua e vejo que ao redor tem lixo no chão, eu cato e jogo no lugar certo. Lixo me incomoda. Para mim, é sinônimo de escassez, pobreza, desorganização. Eu também ando com uma sacola plástica na bolsa para ir juntando o meu lixo e, quando encontro uma lixeira, jogo fora.

O trânsito é outro exemplo para mudança. Aposto que você detesta quando aquele motorista mal-educado corta você ou até mesmo o xinga. Então, seja o motorista que você deseja ver no mundo. Dê a vez para o outro,

MAY ANDRADE

seja tolerante no trânsito. Tudo bem se a preferência for sua, mas, sempre que puder dar a vez para evitar um acidente, faça isso.

Quando entrar no elevador e perceber que está cheio de gente com aquela cara amarrada, diga "bom dia", mesmo que ninguém responda. Seja você a pessoa que vai fazer a diferença. Sempre fale "com licença", "por favor", "obrigado"... Dê um sorriso, embora não receba outro em retribuição. Você fez a sua parte para ver a mudança no mundo.

EXERCÍCIO DO DIA

O desafio de hoje é você adotar algum comportamento que quer ver diferente no mundo. Pode ser dar bom dia para alguém, ser solícito, ajudar, dar preferência no trânsito, juntar um lixo do chão... Seja a mudança de algo que o incomoda à sua volta para refletir essa mudança no outro. Não se importe se você será o beija-flor tentando apagar um incêndio. O Universo vai trazer mais beija-flores para ajudar você.

MINUTOS DE INSPIRAÇÃO

DIA 21
ALÉM DAS APARÊNCIAS

Você consegue olhar além das aparências? Para mim, foi muito difícil conseguir isso. Ouvimos muito que não devemos julgar para não sermos julgados, não é verdade? Mas o fato é que pouquíssima gente consegue, de fato, olhar além das aparências, preocupando-se com a mensagem e não com o mensageiro. Muitas vezes, as pessoas dizem: "Ah, eu não quero papo com aquela ali porque é muito perua. E ele? Olha o jeito de playboy! Já aquele outro está tão malvestido, como vou aprender algo com ele? E aquele pobretão? Se não consegue arrumar nem a vida dele, o que irá me ensinar?".

Praticamente o tempo todo, as pessoas têm uma reclamação em relação a como o mensageiro se apresenta. Julgam pela aparência, e não pelos resultados. Eu não sei você, mas admito que passei muitos anos da minha vida, até pouco tempo atrás, usando esse tipo de julgamento. Porém, consegui ultrapassar isso. Agora que eu entendo quem é o Todo, que é tudo o que há, sou capaz de compreender que existe a semente da sabedoria em todos.

Em *O Livro de Mirdad*, tem uma citação de que gosto muito: "Para o sábio, tudo é fonte de sabedoria. E para o não sábio, até a sabedoria é loucura". Ou seja, a sabedoria está em todo lugar, nas árvores, na natureza e até mesmo numa lata de lixo. Você pode aprender tanto com um garotinho que engraxa sapatos quanto com o executivo que está tendo seus sapatos engraxados. A sabedoria não escolhe onde ela vai se esconder; você, que é um sábio, tem que achar as pepitas de ouro, as pérolas de sabedoria.

EXERCÍCIO DO DIA

Quero que a prática de hoje se torne uma realidade todos os dias de sua vida. Então, a partir de agora, eu convido você a não julgar pela aparência. Primeiro, ouça a mensagem e encontre a pepita de ouro da sabedoria que está escondida em todos os mensageiros e em todos os lugares. Quando se perceber julgando ou resistindo internamente ao que alguém está falando ou a algo diante de você, afirme:

"Tudo é fonte de sabedoria; por isso, eu me abro para aprender com qualquer coisa".

DIA 22

SEJA VOCÊ MESMO

  Tenho um desafio: seja você mesmo, custe o que custar. A exceção para isso eu aprendi com o autor Wayne Dyer: "A única moralidade que você tem que se preocupar é se você está fazendo mal a alguém". Então, por exemplo, se você disser "Eu gosto de me aproveitar dos outros, eu gosto de piratear o trabalho dos outros", isso não é ser você mesmo, porque está prejudicando as pessoas. E, nesse caso, precisa mudar.

  Ser você mesmo é agir do jeito que é, fazendo o que gosta e deixando de realizar o que não gosta. Algumas pessoas podem lhe dizer: "Ah, sinceramente, gostava mais de você quando você era assim ou assado". Isso significa que, em geral, elas gostavam de quando você era menos autoconfiante, mais imaturo. Quando cresce um pouco, as pessoas não vão se identificar mais com o seu eu de agora.

Mas o fato é que temos que evoluir, sempre ouvindo a nossa voz interior, sendo quem nós somos, quem nós nascemos para ser, quem a nossa alma deseja ser aqui nessa experiência física. E isso nem sempre agradará todas as pessoas – na verdade, nunca agrada todo mundo. Às vezes, vai custar muito ser você, justamente porque quem antes gostava de você dirá: "Ah, agora que mudou, não me sinto bem do seu lado". Mas veja a vantagem: naturalmente acontecerá uma seleção das pessoas que vão ficar com você, e essas serão as que torcem pela sua felicidade.

Então, seja você mesmo, embora isso possa lhe custar algumas amizades, alguns comentários... Seja firme quanto a isso. Com o tempo, verá que o Universo trará para perto de você as pessoas que vão entrar em congruência com o seu novo ser. Assim, independentemente da opinião do outros, custe o que custar, seja você.

MINUTOS DE INSPIRAÇÃO

EXERCÍCIO DO DIA

Vá para a frente de um espelho e pergunte-se: "Quem sou eu?". Reflita um pouco sobre o que você sente que é a sua verdadeira essência. Será que você precisa mudar algo para ser o que quer? Em seguida, anote nas linhas abaixo tudo o que concluiu. E seja isso. Custe o que custar.

MAY ANDRADE

DIA 23

CONHECE-TE A TI MESMO

"Quem conhece os outros é inteligente, mas quem conhece a si mesmo é iluminado", já dizia o filósofo chinês Lao Tsé. Essa frase é interessantíssima porque passamos mais tempo da nossa vida conhecendo fatos e pessoas fora de nós do que a nós mesmos. É por isso que os reality shows e programas que falam da vida dos famosos têm tanta audiência. E sabe por que tem tanta gente que conhece tão bem o seu artista favorito, mas não conhece a si mesmo? Porque conhecer a si mesmo dá muito mais trabalho.

Eu já reparei que, quando se trata de gastar dinheiro para comprar uma bolsa, um sapato, uma TV ou um ingresso para um jogo de futebol, as pessoas não reclamam. Mas quando é para investir em algum curso, em algum livro, sempre dizem: "Está muito caro, não dá". Porém, esse deveria ser o nosso maior investimento: em tudo o que nos faça ter um autoconhecimento mais aprofundado. Isso porque conhecer a si mesmo é um desafio muito grande, mas é a única forma que você tem de mudar a sua realidade.

É por isso que Lao Tsé dizia que conhecer a si mesmo é se tornar iluminado. Quando você muda, tudo muda.

EXERCÍCIO DO DIA

O desafio de hoje é baseado na frase do filósofo Sócrates: "Conhece-te a ti mesmo". Passe este dia gastando a maior parte do seu tempo para conhecer mais a si mesmo do que ficar se ocupando com a vida dos outros. Abençoe a todos à sua volta, mas coloque foco e energia do seu pensamento para conhecer você. Ao final do dia, registre as suas impressões aqui:

DIA 24

RIR É O MELHOR REMÉDIO

 Rir é o melhor remédio. Você certamente já ouviu isso, e é verdade. Rir é terapêutico. O grande ator Charles Chaplin já dizia que um dia sem rir é um dia desperdiçado. Concordo plenamente: temos que rir mais. Segundo a ciência, ao fazermos isso, é liberada em nosso organismo a endorfina, neurotransmissor da alegria. E tem mais: trabalhamos, no mínimo, 50 músculos no ato de rir. Quanto mais intenso é o riso, mais músculos são exercitados e mais hormônio da alegria vai sendo liberado.

 Para completar, já foi comprovado cientificamente que a endorfina atua como fortalecedor do nosso sistema imunológico. É por isso que existem os Doutores da Alegria, que visitam os leitos de hospitais vestidos de palhaços. Eles levam aos pacientes motivos de riso, fazendo com que o organismo deles libere o neurotransmissor da alegria, ajudando na recuperação de suas doenças. No documentário *O Segredo*, tem o depoimento de uma mulher que se curou de câncer apenas com a terapia do riso. Em vez de ficar o tempo todo olhando para o diagnóstico dos médicos, ela preferiu passar cerca de cinco meses rindo, sorrindo, assistindo a filmes engraçados com a família e fazendo atividades que a deixassem alegre. Após esse período, quando foi fazer novos exames, cadê o câncer? Não estava mais lá.

Então, vamos fazer como Charles Chaplin e aproveitar o nosso dia sorrindo. Isso beneficiará não só o nosso corpo físico, como também nos colocará no fluxo do Universo. Entramos no modo de receber tudo aquilo que emanamos como pedido, aqueles desejos que já estão no vórtex (parte do plano superior onde se encontram todos os sonhos que nascem em nosso pensamento e se "materializam" lá em forma de onda). Eles estão só esperando que liberemos o fluxo de receber, para que se tornem partícula (matéria) e possamos ver os nossos desejos materializados no plano material. Assim, em vez de ficar focando na solução do problema – "Eu tenho que solucionar, eu tenho que resolver..." –, foque em rir.

MAY ANDRADE

EXERCÍCIO DO DIA

Hoje, encontre um motivo para rir – e quanto mais intensamente, melhor. Por exemplo, pode assistir a um filme de comédia ou, simplesmente, ver alguns vídeos engraçados de bichinhos nas redes sociais. Decida separar, aos menos, de 15 minutos a uma hora do seu dia para se permitir dar boas gargalhadas.

MINUTOS DE INSPIRAÇÃO

DIA 25

AMBIÇÃO

    Outro dia, li na internet uma citação do escritor Mark Twain, que me fez refletir bastante: "Mantenha-se afastado das pessoas que tentam depreciar a sua ambição. Pessoas pequenas sempre fazem isso, mas as realmente grandes fazem você sentir que também pode ser grande". Que frase forte, não é mesmo? Ela usa uma palavra que, geralmente, tem uma conotação negativa: ambição. Você pode me perguntar: "Mas ambição não é ruim?". Nem sempre.

    Não vejo mal em você desejar algo melhor, querer subir na vida, alcançar um sonho, um objetivo "ambicioso", ou seja, que é grande, além daquilo que a sua realidade no momento permitiria. Mas você não vive pela vista, e sim pela fé. Você acredita e então se torna. A primeira pessoa a crer em você deve ser você mesmo.

Vou dar um exemplo. Na primeira vez em que morei nos Estados Unidos, comentei com algumas pessoas que estava pensando em voltar para o Brasil, porque o valor que eu pagava de aluguel, em dólar, daria para alugar uma mansão ou um apartamento de frente para o mar no meu país. Uma delas me disse: "Você não precisa disso, não precisa ser ambiciosa assim... Você mora num lugar tão simples aqui nos Estados Unidos, então, se voltar para o Brasil, alugue algo mais simples". Naquele momento, ela depreciou a minha ambição. Se eu já estou gastando esse valor para morar em um lugar que é menor, por que não usar esse mesmo valor para morar em um lugar que é muito melhor?

Às vezes, as pessoas nem fazem isso por mal. É que, na mente delas, aquilo é tão distante de suas realidades que não conseguem admitir que outra pessoa tenha isso. Seguindo o conselho de Mark Twain, é melhor não ficar perto de gente assim, nem comentar a nossa ambição, porque são pessoas pequenas que não acreditam nem em si mesmas. Vão dizer que somos ambiciosos e tentar nos depreciar.

Por outro lado, eu comentei a mesma coisa para uma colega que já tinha uma boa vida, toda estabilizada, e ela me disse: "Isso mesmo! E você pode ainda mais". Ou seja, a pessoa que já tem a mente grande, que entende e valoriza a própria ambição, sabe que o outro também merece. Ela quer ver o próximo ser grande. Por isso, preste atenção quando compartilhar seus sonhos com alguém e eles forem depreciados. O meu conselho é: **guarde para si e não fale dos seus objetivos com qualquer pessoa**, porque a tendência da maioria é depreciar a sua ambição.

EXERCÍCIO DO DIA

Não comente com os outros, mas fale com você mesmo! Mapear quais são as suas ambições é muito importante. Então, nas linhas abaixo, anote todos os objetivos que ambiciona conquistar. Sonhe alto. Você tem tudo para conseguir. De vez em quando, pegue novamente este livro e releia.

_____
_____
_____
_____
_____
_____
_____
_____
_____
_____

DIA 26

QUEM ABENÇOA É ABENÇOADO

Certamente você já deve ter ouvido a frase em que Jesus fala que devemos orar por aqueles que nos perseguem. Ou seja, abençoar a todos. Mas são poucos os cristãos que realmente praticam isso. Uma vez, fiz um post no meu Instagram dizendo que, por onde eu passo e vejo carros ou casas muito ricas, levanto a minha mão e fico abençoando aquelas famílias, dizendo: "Que casa linda! Que seja abençoada a família que mora nessa casa. Eu desejo prosperidade a essas pessoas". Já teve vezes de eu ir de carro passando por um bairro inteiro para abençoar todas as famílias que estão vivendo lá em prosperidade, desejando tudo de bom para elas.

Pois bem, ensinei esse exercício para os meus seguidores e disse que, geralmente, quando faço isso, na mesma semana aparece dinheiro inesperado ou alguma oportunidade boa para me trazer mais prosperidade. Só que uma moça comentou assim: "Que palhaçada é essa? Ridículo, nada a ver, não tem cabimento isso, totalmente sem noção". Fiquei impressionada com tanta escassez e ódio no coração dessa pessoa. Curiosa, entrei no perfil dela e vi que era frequentadora de uma igreja e tinha várias fotos dela rezando. E pensei: "Será que ela não entende que Jesus nos mandou abençoar a todos?".

Quando você abençoa, é abençoado. Quem diz isso é Tony Robbins, um coach americano muito famoso. Então, abençoe tudo aquilo que você deseja ter, e terá na sua vida também. Afinal, aquilo que emanamos para o outro atraímos para nós. Se você deseja prosperidade, abençoe a prosperidade do próximo. Se você vir um carrão passar na sua frente, abençoe aquele carro: "Que carro lindo! Você merece, abençoo o homem que está nesse carro". É mágico! Logo, vão aparecer oportunidades para você.

O mesmo acontece na área amorosa. Se quer manifestar um grande amor, quando souber que alguém conseguiu se casar, não diga: "Olha, até a fulana casou e eu estou aqui encalhada". Não! Abençoe a alegria daquela pessoa, e você terá o mesmo também. O que mais vejo são pessoas falando assim: "Só ficam postando fotos de amorzinho. Duvido que não briguem quando estão fora do Instagram". Isso é lamentável... Abençoe o que você quer ter na sua vida, seja prosperidade, amor, bem-estar, beleza... Numa época da minha vida, eu me achava tão feia, mas tão feia, que me sentia ofendida quando via no Instagram fotos de amigas, primas e moças mais jovens com corpo escultural, mostrando tudo. Eu falava mal delas! Mas fazia isso porque não me sentia bonita e tinha inveja. Até que passei a abençoar a beleza do outro e tudo mudou.

Assim, em vez de olhar para o que o outro tem e você não, abençoe e terá também. Aquilo que você abençoa é trazido até você. Abençoe tudo e todos à sua volta e terá mais bênçãos para você. É lei!

EXERCÍCIO DO DIA

Hoje, eu quero convidar você a fazer o exercício de abençoar. Ao sair na rua e olhar casas, pessoas e carros prósperos, abençoe-os. De preferência, pense no que você está querendo para a sua vida agora. É emagrecer? Então, abençoe as pessoas que estão com um corpo magro. É ter mais saúde e vitalidade? Abençoe aquela pessoa que está correndo no parque. É engravidar, abençoe todas as gestantes com as quais cruzar. É conseguir um emprego melhor? Abençoe os seus colegas de trabalho em posições de liderança ou aquelas pessoas que trabalham na empresa que você tanto almeja entrar. Pratique não só hoje, mas sempre, até que vire um hábito em sua vida. Assim, verá milagres acontecer.

MINUTOS DE INSPIRAÇÃO

DIA 27

POR QUE NÃO?

Recentemente, eu e meu marido levamos nosso filho mais velho à festa de aniversário de um coleguinha. Ia ser numa casa, mas eu não sabia exatamente como seria o tipo de festa. Então, arrumamos nosso filho com uma calça jeans e uma blusa mais social. Só que, chegando lá, era uma festa no estilo piquenique, com uma piscina inflável, mangueira, baldes e balões cheios de água que as crianças atiravam umas nas outras como se fosse uma guerra. Meu filho ficou encantado, com muita vontade de brincar também. Mas aí eu e Elson não deixamos: "Melhor não, filho. Você não está com a roupa adequada e, se ficar molhado, não trouxemos toalha".

Max ficou meio chateado, resmungou, cruzou os braços e ficou sentado. Mas aí, dentro de mim, minha Centelha Divina falou: "Ei, por que não? É só uma roupa, é só uma roupa". Então, tirei os sapatos dele, dobrei a calça e o deixei brincar. Ele era a única criança usando roupa social toda molhada. E aquilo me fez refletir: é só uma roupa, é só uma roupa...

Às vezes, nós nos impedimos de fazer algo, de nos divertir, porque damos mais valor às coisas materiais do que aos momentos alegres que podemos ter na vida, não é mesmo? Naquela festa, o primeiro pensamento que tive foi de escassez, querendo economizar a roupa. Quantas vezes não guardamos a nossa melhor roupa para uma ocasião especial? E aí ela fica no armário, a traça come e não a usamos, não vivemos.

Assim, se vier alguma oportunidade de você se divertir, por que não? O que pode estar travando você de ser mais criança, de aproveitar a vida? Na festa, meu filho nem pensou em roupa; ele só pensou na alegria que ia ter com os coleguinhas. Mas nós, adultos, ficamos sempre arrumando barreiras para a nossa diversão, para o nosso entretenimento. E isso não é algo supérfluo, e sim bastante necessário. Todo ser humano tem o direito de se divertir. Isso faz bem até para a nossa saúde!

MINUTOS DE INSPIRAÇÃO

EXERCÍCIO DO DIA

No dia de hoje, quando vier aquela vontade de se divertir ou de fazer algo que a sua mente adulta acha que seria dispensável, pergunte: "Por que não?". Tem alguma roupa especial, sapato ou mesmo uma louça cara que você estava guardando para uma ocasião especial? Decida que a ocasião especial está aqui, no agora, e que você merece se permitir desfrutar disso hoje. O que o está impedindo?

Vença as suas barreiras e vá ser feliz.

MAY ANDRADE

DIA 28

SEJA COMO AS CRIANÇAS

    Jesus Cristo nos disse que, quem não for como uma criança, não entrará no Reino dos Céus. Refleti bastante sobre essa frase enquanto estava num parque com meu filho. Como adoro interpretar a Bíblia com seus significados simbólicos e ocultos, comecei a pensar... Primeiramente, precisamos entender o que é o Reino dos Céus. E nada mais é do que um estado da mente, um estado de espírito. Não um local físico para onde iremos quando morremos. É um estado de paz interior que a criança naturalmente tem em si.

    Preste atenção em como a criança vive. Ela, inicialmente, está em estado de presença constante. Aproveita o momento presente, se diverte e apenas vivencia o momento atual – algo que o adulto não faz, porque está sempre preocupado com o futuro. A criança também nos ensina sobre estar no presente sem ficar olhando o tempo todo para o passado. Você já reparou como ela perdoa fácil? Como briga com o coleguinha e, não demora muito tempo, já estão de bem, como se nada tivesse acontecido? O estado de espírito chamado Céu é a paz interior que a criança naturalmente tem e que nós, adultos, ao longo da vida, dos afazeres e da rotina diária, perdemos a conexão.

Em resumo, o que faz a criança ter paz interior? Ela simplesmente vive o agora, se diverte, deixa o passado para trás e não se preocupa tanto com o futuro. Só pensa no momento presente, aproveitando cada segundo, sabendo que o futuro já está garantido. Assim, que possamos ser como uma criança para vivenciar o estado de espírito chamado Reino dos Céus.

EXERCÍCIO DO DIA

Convido você a fazer uma viagem à sua vida como criança. Quero que dedique alguns minutos do dia de hoje para, de olhos fechados, pensar em algum momento (ou alguns) de sua infância, em que você era muito feliz e brincava despreocupadamente. Em que tomava um sorvete sem medo de engordar ou de ficar com dor de garganta. Em que nem se preocupava com contas a pagar, com dinheiro ou com aprovação social. Perceba essa sensação de leveza, de alegria, de paz. Tire daí a lição para encarar tudo o que tem para fazer hoje com o coração leve e confiante de uma criança.

MAY ANDRADE

DIA 29
ESTADO DE PRESENÇA

    Vamos continuar aprendendo com as crianças? Como disse na lição anterior, elas vivem em estado de presença. É a também chamada atenção plena. Crianças estão sempre vivendo o agora, o momento presente, que é o único que há. O passado não existe mais, já passou. E o futuro ainda não aconteceu. Quando o futuro chegar, passará a se chamar presente. Assim como um verdadeiro presente que ganhamos, o tempo presente é uma dádiva que a Fonte Criadora nos deu para viver. E as crianças sabem aproveitar muito bem isso, vivendo cada momento.

    Outro dia, eu estava no meu banho pensando sobre essa questão do estado de presença. Você já reparou que, durante o banho, às vezes, você nem lembra se passou sabonete em determinados locais? Ou se passou xampu? Isso acontece porque ficamos com a mente tão ocupada fora do momento presente – provavelmente, no futuro – que nem lembramos do que estamos fazendo. Somente o corpo está lá, enquanto a mente está em outro lugar. Nesse dia, eu me policiei para estar sempre no presente, puxando minha mente com as rédeas da minha consciência. Assim que saí do banho, olhei para cima e vi que a porta do box estava com muito mofo, causado pela umidade. E eu nunca tinha prestado atenção nisso.

Naquele momento, a minha Centelha Divina começou a falar dentro de mim: "Você está vendo? Há quantos dias esse mofo está aí e você nem percebeu?". Porque quando entramos no banheiro, automaticamente, a nossa mente vai para outro lugar. Foi assim que me dei conta de que preciso estar em atenção plena em todos os momentos, inclusive na hora do banho. Depois que reparei no mofo, passei a olhar todo o banheiro, observando cada detalhe que normalmente não olhava. Faça como eu fiz, o máximo que puder em sua vida.

MAY ANDRADE

EXERCÍCIO DO DIA

Que tal você aproveitar o momento do banho para estar em atenção plena? Não tem hora melhor do dia para você praticar o estado de presença total no presente. É um momento seu, é um momento íntimo, no qual estará sozinho com o seu corpo. Olhe para os seus braços enquanto se ensaboa, preste atenção enquanto lava a cabeça, sinta a água escorrer pelo seu corpo, sem deixar sua mente divagar para o passado ou para o futuro. Você vai ver que, se fizer esse exercício hoje de praticar a atenção plena, se sentirá até mais relaxado, menos preocupado com o futuro e menos ressentido com o passado. Afinal, o presente é um presente.

MINUTOS DE INSPIRAÇÃO

DIA 30

A BOLSA DA VIDA

    Mulheres amam bolsas, não é mesmo? E mesmo que os homens não usem esse acessório, eles têm a carteira e os bolsos da camisa ou da calça. A partir daí, podemos fazer uma analogia. Se andamos com a nossa bolsa ou carteira, estamos guardando coisas que precisamos usar no nosso dia a dia. Mas, às vezes, ela fica tão cheia, tão pesada, que se torna um fardo. Como se fosse a bolsa da vida. E aí você não quer mais carregar. Vira uma mala sem alça e sem rodinha.

    Mas como deixamos essa bolsa da vida ficar tão pesada? Quando colocamos para dentro do nosso subconsciente, da nossa memória de longo prazo, sentimentos e sensações que realmente não nos servem e não nos fazem bem. Se você toma uma fechada no trânsito e se chateia, coloca mais um peso para dentro da bolsa. Mas quando alguém no trânsito é legal com você e lhe dá a preferência, você não dá atenção e relevância a esse fato. A tendência é lembrar mais daquilo que foi negativo. Você precisa fazer o contrário: coloque na bolsa da vida aquilo que realmente vale a pena. Para o que não importa, diga: "Eu não aceito colocar na minha bolsa, vou deixar passar". E simplesmente passa. Use a bolsa da vida com sabedoria, e ela vai ser sempre leve e tranquila de carregar.

EXERCÍCIO DO DIA

Você fará o exercício da bolsa da vida. Saia de casa normalmente para as suas tarefas cotidianas e, por exemplo, quando alguém for mal-educado no trânsito ou não retribuir ao seu bom dia – ou seja, quando vier aquela vontade de ficar chateado com a situação –, diga para si mesmo: "Eu não vou colocar isso na bolsa da vida. Isso vai me trazer peso". Então, deixe essa sensação ruim passar.

Agora, quando algo maravilhoso acontecer, fale: "Vou colocar isso na bolsa da vida. Eu quero me lembrar disso e vai deixar o meu dia melhor". Pode ser qualquer situação que o deixe alegre e feliz. Dê mais importância para aquilo que lhe faz bem e uma relevância muito menor, quase insignificante, para o que o deixa triste.

MINUTOS DE INSPIRAÇÃO

DIA 31

ALGO DIFERENTE

No livro *Milagre da Manhã*, de Hal Elrod, há a seguinte frase: "Se você quer uma vida diferente, você precisa estar disposto a fazer algo diferente". É a única forma de mudar, concorda? Todos nós temos pelo menos alguma área da vida que gostaríamos que fosse diferente. E, às vezes, há fases em que queremos mudar tudo, porque sentimos que está tudo errado. Eu já passei por momentos assim. Períodos de vida desesperadores em que eu tinha certeza de que não queria mais a vida daquele jeito.

O autor do livro diz que precisamos fazer algo diferente para que nossa vida seja diferente. Ou seja, você não precisa mudar tudo da noite para o dia, até porque seria bem difícil e causaria um impacto muito grande. Aos poucos, pode ir mudando uma coisa aqui, outra ali, como, por exemplo, o hábito de acordar cedo para ler as mensagens deste livro, que vão inspirar você e o ajudar a mudar.

Então, o desafio é mudar um dia de cada vez. Um passinho pequeno todos os dias. Quando você olhar para trás, verá que já está muito longe. E como é esse passinho pequeno? É determinar que todo dia você vai mudar algo de que não está gostando. Lembre-se: não adianta ter os mesmos hábitos, fazer as mesmas coisas, andar com as mesmas pessoas porque a vida não consegue ser diferente se você faz todos os dias as mesmas coisas. Que você esteja disposto a mudar!

EXERCÍCIO DO DIA

Desafio você a escolher algo na sua vida que não está legal e começar a mudança disso hoje. Pode ser algum mau hábito, algo em sua forma de falar, alguma maneira de lidar com o seu dinheiro, com o seu relacionamento, com a sua saúde... Enfim, mude o que não está agradando e que o mantém na sua zona de conforto. Quando sentir dificuldade na ação de mudança, diga a si mesmo: "Eu escolho mudar porque não quero mais isso assim". Ao chegar o final do ano e você olhar para trás, vai agradecer porque hoje tomou a decisão de modificar essa situação ou atitude que tanto o incomodava.

MINUTOS DE INSPIRAÇÃO

DIA 32

SUCESSO

    Gosto muito da seguinte frase, do palestrante motivacional Jim Rohn: "Sucesso é algo que você atrai pela pessoa em quem se torna". Exatamente! Ouvimos muita gente falar sobre várias técnicas, várias formas de se ter hábitos de sucesso, mas o que realmente transforma e determina o nosso sucesso na vida é o tipo de pessoa que nos tornamos. E isso, claro, tem muito a ver com os nossos hábitos. Mas não somente isso. É todo um conjunto de coisas que nos transforma naquilo que desejamos ser.

    Por exemplo, o que você é hoje se deve a vários fatores. Até os 6 anos, crescemos com o nosso subconsciente aberto, como uma esponja que vai absorvendo tudo o que é implantado em nossa cabeça infantil pelos nossos pais, pelas pessoas com quem convivemos, pela escola, pela mídia, enfim, pelas figuras de autoridade que nos cercam.

Só que essa influência não para por aí. Ao longo de nossa vida, tudo o que nos acontece determina quem nós vamos nos tornando. E quem somos determina o tipo de vida que teremos, o tipo de resultado. Então, para ser uma pessoa de sucesso, você precisa ser alguém diferente, que tem a vida que deseja.

Uma forma muito simples de se tornar alguém diferente é fazer um processo que o coach americano Tony Robbins chama de modelagem. Encontre uma pessoa que você acredita que tenha uma vida de sucesso e que o inspira. Comece a pesquisar quais são os hábitos dela, do que ela gosta, com quem ela anda, e, assim, você vai modelar para a sua vida, vai adaptar na sua experiência para que também se torne uma pessoa com sucesso.

E quer saber de uma coisa? Tenho certeza de que só pelo hábito de ler as mensagens deste livro todos os dias e colocar em prática os exercícios, **você já está se tornando uma pessoa de sucesso!**

MINUTOS DE INSPIRAÇÃO

EXERCÍCIO DO DIA

Hoje, quero que você pare e pense que tipo de pessoa você é e que tipo de pessoa você deseja ser. Escreva abaixo e compare as duas respostas, para ver se você está sendo a pessoa de sucesso que você quer ser. Caso não esteja, comece a fazer as mudanças necessárias para chegar lá.

QUE TIPO DE PESSOA VOCÊ É?

_____
_____
_____
_____
_____
_____

QUE TIPO DE PESSOA VOCÊ DESEJA SER?

_____
_____
_____
_____
_____
_____

MAY ANDRADE

DIA 33

DECIDA HOJE

No livro *Milagre da Manhã*, de que gosto muito, é falado que, para onde você vai, depende inteiramente do tipo de pessoa que você decide ser hoje. Ou seja, onde você estará daqui a um ano, dois anos, cinco anos, dez anos depende inteiramente de quem você decide ser hoje. Quando o amanhã chegar, será resultado do hoje. É por isso que o presente é tão importante.

Não aceite que digam que você é o que fez ou foi no passado. Você não está preso ao passado, a menos que decida se manter lá. E também não deve ficar preso ao futuro: "Quando eu for isso que desejo ser, aí sim estarei onde quero". Quem age assim acaba não sendo quem deve ser hoje, porque fica esperando um futuro que não chegou. Ou se prende em algo que foi e se culpa pelo passado, achando que não consegue porque tentou uma vez e falhou. Enfim, você não é o seu passado e também não é o seu futuro. Você é quem você escolhe ser no dia de hoje.

Determine quem você deseja ser a partir de hoje. A vida lhe dá uma nova oportunidade todos os dias. Quando o sol nasce, é um novo sol. Ainda que seja o mesmo sol, ele é diferente. Seus raios vão iluminar um novo dia, que não é igual ao dia anterior. Você pode ser diferente hoje. A sua mudança pode começar neste dia. Você não precisa carregar fardos do passado, nem ficar ansioso esperando ser alguém melhor no futuro. Você pode ser hoje. Basta decidir que este dia é o início da sua mudança.

EXERCÍCIO DO DIA

Certamente você tem os seus objetivos de vida, sonhos e desejos. Mas não fique só pensando nesse futuro que ainda não chegou. Em vez disso, foque no que pode fazer hoje para ser a pessoa que deseja se tornar amanhã. Seja internamente aquilo que você deseja ser fora, pois a mudança começa pelo lado de dentro, na sua consciência. Separe um tempo para fazer uma oração para a sua Centelha Divina, falando o que deseja alcançar daqui a um, dois ou cinco anos. Peça para que a sua Centelha lhe mostre o que você pode começar a fazer hoje mesmo, por menor que seja, para que comece a agir usando a sua energia em direção à manifestação desse objetivo. Faça silêncio para dar espaço para que a inspiração venha. Em seguida, anote as ideias que conseguiu ter.

O que posso mudar hoje para agir em direção aos meus objetivos?

MINUTOS DE INSPIRAÇÃO

DIA 34
ABUNDÂNCIA E ESCASSEZ

Você já reparou que a escassez e a abundância estão em todo lugar? Na verdade, onde há a abundância também existe a escassez. Isso é explicado pela Lei das Polaridades, que diz que tudo tem o outro lado da moeda. Então, numa moeda, a abundância estaria de um lado e a escassez do outro. Mas entenda que a escassez é algo que existe em nossa mente, em nossa concepção e visão de mundo. E ela aparece quando menos esperamos.

Vou contar uma história que aconteceu comigo. Uma manhã, fui acordar meu filho para ir à escola e comecei a escolher uma roupa para ele. Peguei uma blusa e pensei: "Nossa, eu acho que ele ficará lindo usando essa". Só que a escassez falou na minha mente: "Essa blusa não pode, porque é nova. Vai gastá-la na escola? Tem que guardar, tem que economizar para quando for sair". Concordei e, quando já estava buscando uma blusa mais velhinha, ouvi do outro lado a voz da minha Centelha Divina: "Já está deixando a escassez decidir por você?".

Eu ouvi exatamente assim dentro de mim! A minha Centelha Divina – que, como eu sempre falo, é a Divindade interior que vive dentro de nós – puxou as minhas orelhas. Então, eu disse: "É verdade. Meu filho vai com a roupa nova, porque não tem problema, não tem escassez. Comprei para ele vestir porque ele merece. Se essa sujar na escola, eu compro outra. O Universo é abundante e nada me faltará".

Por isso, toda vez que a escassez tentar decidir por você, procure identificar logo para que não tome conta da situação. Peça para a sua Centelha sinalizar para você sempre que isso acontecer, para que mude de atitude. Ouça bem essa voz dentro de você!

EXERCÍCIO DO DIA

Hoje, quero que você escolha a roupa mais bonita para sair. Você merece! Não importa se é um dia normal. Não, não é um dia qualquer! Todos os dias representam um presente da Fonte Criadora para nós. Todos eles são dignos de você usar a melhor versão de si mesmo. E isso inclui a sua melhor roupa, o seu melhor sapato. Sem escassez. Não fique guardando a peça nova para vestir somente quando tiver uma oportunidade mais digna. Todo dia é digno de você estar se sentindo bem, abundante e próspero.

MINUTOS DE INSPIRAÇÃO

DIA 35

A VOZ DA CENTELHA

    Você já sabe que eu ouço naturalmente a minha Centelha Divina. Ela é a nossa intuição, o sexto sentido, a alma, o espírito de Deus, seja como você prefira chamar. Temos, dentro de nós, um Eu Superior que nos ajuda. Mas o problema é que a maioria das pessoas não consegue ouvir porque está sempre com a mente ocupada, tagarelando o tempo todo.

    Para escutá-la, é importante nutrir o silêncio e a meditação. Mas tem algo mais que nos conecta à nossa essência divina: o bem-estar, você fazer algo que o deixe feliz. Esse é um exercício que você deve fazer diariamente! Pelo menos em algum momento de seu dia, dedique-se a uma atividade que seja extremamente prazerosa para você. Acredite: quando você está nesse estado de satisfação plena, entra em conexão com a sua Centelha. Quanto mais praticar isso, mais fácil se torna ouvir a voz interior.

    Essa prática deve ser diária. O problema é que sempre deixamos nosso bem-estar para o último caso, e quanto mais fazemos isso, mais distantes ficamos da conexão com a nossa essência divina. Tenha em mente: você merece ser feliz e se sentir plenamente satisfeito!

EXERCÍCIO DO DIA

    Meu desafio para você hoje é escolher pelo menos uma atividade que lhe dê satisfação plena. Um prazer muito grande, uma alegria enorme! E não precisa ser nada muito difícil, não é para comprar algo caro. Mas, se puder, compre. Quem sabe hoje é o dia de você adquirir aquele celular novo que está postergando há tanto tempo? Quem sabe hoje é o dia de pagar por aquela roupa nova, aquele sapato que você tanto quer e está adiando? Que tal se dar um presente? Mas você também pode fazer algo mais simples, como comer o seu prato favorito. Vá atrás dessa comida igualzinho a uma mulher grávida quando está com desejo. E diga:

"Eu mereço isso e me conecto com a minha Centelha".

MINUTOS DE INSPIRAÇÃO

DIA 36

O FLUXO

  Sempre que estou diante de uma cachoeira ou de um rio com correnteza muito forte, me vem à memória que o Universo tem um fluxo. Existe um caminho que ele traça ao longo do seu curso, e quem respeita essa correnteza, esse fluxo, não sofre como aqueles que não respeitam. Pense da seguinte forma: se eu tentasse nadar contra a maré, como muitos dizem, sem dúvida não iria me divertir nada nesse rio, não é mesmo?

  Mas se eu sei qual é o fluxo e o respeito, sigo a favor da correnteza e, assim, tudo vai fluindo mais naturalmente para mim. Você já deve ter ouvido: "Não reme contra a maré. Não dê murro em ponta de faca". Isso significa que você está forçando algo. Sabe quando tenta alguma coisa de todo jeito e só sofre, só apanha da vida? Sinto lhe dizer:

provavelmente, você está remando contra a maré. Está fora do fluxo do Universo.

EXERCÍCIO DO DIA

No dia de hoje, eu o convido a deixar ir e soltar. Deixe o fluxo do Universo levar você. Solte o que está prendendo e fazendo você sofrer. Quanto mais você prende, mais sofre. Então, experimente, só por hoje, cogitar soltar. Pense da seguinte maneira: "Hoje, eu solto isso. Acabou! Não vou mais ficar insistindo nisso, vou ser feliz e pensar em outras possibilidades". E deixe ir. Se você fizer isso por um dia, verá que se sentirá muito melhor, porque está remando a favor do fluxo do Universo.

MINUTOS DE INSPIRAÇÃO

DIA 37

AO ACORDAR

  Você sabia que os horários mais importantes são a primeira hora do dia e a hora antes de dormir? É quando o seu cérebro está com a energia mais baixa. Principalmente de manhã cedo, quando você acorda. Ao despertarmos, temos aquela sensação de sonolência, que, segundo a neurociência, é quando o nosso cérebro está em ondas alfa. É um estado em que existe calma e relaxamento.

  Isso significa que toda manhã bem cedo, antes mesmo de você tomar o café, o seu subconsciente está mais vulnerável e mais receptivo para aceitar novas informações. E as informações que caem no subconsciente, consequentemente, vão para a sua memória de longo prazo – ou seja, viram o seu sistema operacional.

  Então, é por isso que começar o seu dia lendo as mensagens inspiradoras deste livro faz toda a diferença.

> **Não deixe notícias ruins abalarem você logo cedo. Alimente o seu subconsciente com coisas boas.**

EXERCÍCIO DO DIA

Hoje, ao acordar, não ligue a televisão, nem vá ver quem curtiu e comentou as suas fotos no Instagram. Comece o seu dia indo meditar e escrever no seu caderno da gratidão. Escove os dentes e tome o café da manhã ouvindo uma música que eleve a sua sensação de bem-estar. Por favor, não tome café olhando as redes sociais! Esse é um momento muito importante do seu dia. Quando perceber que está mais desperto, aí sim você pode fazer o que quiser. A ciência comprova que, dessa maneira, o seu subconsciente estará bem protegido para não deixar as informações negativas o atingirem.

MINUTOS DE INSPIRAÇÃO

DIA 38
SOLTANDO A RESISTÊNCIA

 Certa vez, fui ao cartório com o meu marido, Elson, para resolver algumas questões sobre a papelada de um apartamento que havíamos comprado. Devo confessar que ambientes como bancos e órgãos públicos, que envolvem processos burocráticos, costumam me deixar nervosa e sem paciência. Em geral, passamos muito tempo na fila e, quando chega a nossa vez, nem sempre os funcionários nos atendem bem – afinal, esse tipo de trabalho pode ser, realmente, bem estressante.

 E foi exatamente isso o que nos aconteceu nesse dia. Após ficarmos mais de uma hora na fila, a moça que nos atendeu não estava num bom dia. Ela demorou bastante olhando algo no computador, e aquela situação toda estava me deixando estressada. Foi então que a minha Centelha Divina me despertou, abrindo a minha consciência para perceber que eu estava com os músculos dos ombros tensos e apertava os dentes superiores e inferiores. A minha vontade era sair dali o mais rápido possível.

Até que meu olhar parou no pingente do colar da moça que nos atendia. Ele tinha o formato do número oito deitado, simbolizando o infinito, o fluxo incessante da energia. Olhando para aquele símbolo, minha mente se acalmou e ouvi dentro de mim a seguinte frase:

"Eu me abro para os movimentos que a vida está exigindo de mim".

Comecei a repetir várias vezes essa frase, como se fosse um mantra. Isso me acalmou completamente, a ponto de eu sentir os músculos relaxarem. O bem-estar tomou conta de mim. Quase como mágica, o rosto da moça se iluminou, ela se tornou simpática e proativa, rapidamente resolveu a nossa questão e pudemos sair dali com tudo resolvido.

Percebi que eu estava criando a minha dificuldade por causa da resistência interna aos movimentos que a vida exigia de mim naquele momento. Quantas vezes agimos assim? Quando precisamos fazer algo que parece chato ou difícil, reclamamos. Isso é resistência ao fluxo da vida.

MINUTOS DE INSPIRAÇÃO

EXERCÍCIO DO DIA

Quero que você guarde a mensagem da lição de hoje em sua mente durante todo o seu dia e se perceba quando estiver resistindo a algo em sua vida. É muito fácil perceber quando a resistência está presente: basta prestar atenção aos seus músculos. Geralmente cerramos os dentes e comprimimos os ombros, enrijecendo os músculos do trapézio. Tudo isso vem junto a sentimentos de estresse e desconforto. Quando se perceber assim hoje (e sempre!), visualize a energia da vida fluindo e formando o símbolo do infinito, e então repita algumas vezes o mantra:

"Eu me abro para os movimentos que a vida está exigindo de mim".

MAY ANDRADE

DIA 39
É DIA DE RIR

    Existe algo mágico que não pode faltar no seu dia. E qual seria esse ingrediente incrível? Rir! Todo dia é dia de sorrir ou de rir até doer a barriga. Sei que tem aqueles momentos em que o pêndulo do Universo balança para o lado negativo, que você não consegue dar gargalhadas. Mas dá para sorrir, sim, nem que seja aquele sorrisinho de palhaço. Rir é algo maravilhoso porque a própria ciência já comprovou o seu poder, ao liberar serotonina e endorfina (que são neurotransmissores que produzem bem-estar) e fortalecer o nosso sistema imunológico, nos tornando mais saudáveis.

    Além desses benefícios para o nosso corpo físico, o riso, a alegria e a felicidade também nos conectam com o nosso Eu Superior, a nossa Centelha Divina, que é a nossa verdadeira identidade, a nossa alma. Então, não deixe faltar no seu dia motivos para você sorrir, para ficar feliz com alguma coisa. Ainda que seja abrir sua rede social e assistir a um vídeo engraçado. Meu marido é campeão em fazer isso. Uma hora ou outra do dia, ele para só para ver esses vídeos e relaxar. No fim de semana, de repente, escolha um filme de comédia bem legal e se permita rir até doer a barriga. Por que não?

Faça como as crianças... Todos os dias elas riem. Mesmo quando ficam chateadas com alguma coisa ou choram, logo depois estão novamente sorrindo, rindo, brincando e se divertindo com a vida. Tente ser assim também.

EXERCÍCIO DO DIA

Hoje, procure pelo menos um motivo para você rir. Mas que seja um riso saudável, e não aquele que você julga o outro e diz: "Olha que ridícula a roupa dela". Que seja um riso com o qual você se sinta feliz, abundante, positivo, sem precisar rir às custas dos outros. Eu decreto que hoje, depois de você dar boas risadas, encontrará mais e mais motivos para sorrir. E aí depois vai pensar: "Bem que a May falou que iriam acontecer novas oportunidades para me fazer rir no dia de hoje". Torne isso uma meta diária. Afinal, todos os dias é dia de sorrir.

DIA 40

CONFIANÇA

Outro dia, vi uma postagem no Instagram em que havia o desenho de duas flores, uma maior e outra menor. Então, a flor menor perguntou: "Mas e se o sol não nascer amanhã?". E a maior respondeu: "A gente só tem que confiar que ele nascerá". Eu achei tão simples essa mensagem, e ela chegou num momento em que eu mais precisava daquilo: apenas confiar.

Às vezes, em nossa vida, não há muito o que possamos fazer. Quando sentimos que já fizemos tudo o que estava ao nosso alcance, só nos resta esperar, soltar e confiar. Confiar que existe uma força maior do que nós. Confiar que há uma energia poderosa, uma consciência criadora que mantém tudo em seu lugar. Confiar nas autoridades superiores que governam o Universo.

É isso o que a natureza faz: apenas confia. As plantinhas simplesmente creem que o sol nascerá para nutri-las. Que a chuva vai cair ou alguém vai regá-las. Sabem que tudo será providenciado para elas. Portanto, em todos os momentos de nossa vida, precisamos fazer o mesmo.

Após ler a postagem, comentei com o meu marido o quanto tinha gostado, e ele disse: "Eu vou mostrar para você uma música que diz exatamente o mesmo que esse desenho". E colocou para tocar *Mais Uma Vez*, da Legião Urbana: "Mas é claro que o sol vai voltar amanhã, mais uma vez eu sei, escuridão já vi pior, de endoidecer gente sã, espera que o sol já vem". Nossa, me arrepiei toda ouvindo essa canção. Em seu refrão, ela fala: "Quem acredita sempre alcança". Por isso, acredite sempre!

EXERCÍCIO DO DIA

Em algum momento hoje, abra o YouTube e procure por essa música. Ouça prestando atenção em cada verso e pense em tudo o que escrevi para a sua reflexão neste dia. Tenho certeza de que você já passou por momentos muito mais difíceis do que pode estar passando agora. E sempre que vier um novo desafio em sua vida, cante: "Escuridão já vi pior, de endoidecer gente sã, espera que o sol já vem...". **Acredite: tudo vai melhorar! Você não está sozinho.**

MAY ANDRADE

DIA 41
RESPOSTAS AO QUE VOCÊ EMANA

Você sabia que pode conversar com as suas plantas e que elas entendem, ou melhor, sentem a vibração que você lhes manda? Pude comprovar isso após ter assistido ao filme *A Profecia Celestina*, em que pessoas numa comunidade nas montanhas do Peru cultivavam flores e uma horta usando não só o adubo e outros elementos de jardinagem, mas também a energia vital delas. Elas se abaixavam e colocavam as mãos nas plantas, emanando sentimentos de amor e gratidão, e falavam: "Planta linda, eu te amo".

A partir desse filme, resolvi fazer o meu experimento. Eu tinha acabado de ganhar um buquê de flores do meu marido, e escolhi uma delas. Todo dia, pegava essa flor e a cheirava, abençoava, tocava nela e falava: "Você é linda! Muito obrigada por ter alegrado o meu dia.

Te abençoo e te amo. Você é muito preciosa". Já para as outras flores do buquê, eu não ligava, não falava com elas – nem bem, nem mal. Simplesmente ignorava. Destinei toda a minha atenção e energia somente a uma flor, por três dias seguidos. No quarto dia, quando amanheceu, as outras flores estavam todas murchas. E somente uma estava de pé: a que eu tinha abençoado e emanado energias positivas para ela.

Então, se as plantas sentem isso, com certeza as pessoas também. E, às vezes, tem gente que é uma pedra no seu sapato, não é mesmo? Mas já parou para pensar que talvez seja assim como resposta ao que você emana? Por exemplo, se você falar com grosseria, vai receber uma resposta grosseira. Ou seja, você vibra uma energia para essa pessoa e ela responde com mais do mesmo.

O Mestre mais amado aqui no Ocidente, Jesus Cristo, disse: "Abençoai os que vos perseguem; abençoai, e não amaldiçoeis". Isso é algo tão simples! E quando você abençoa, não é porque a outra pessoa é merecedora, já que pode ter feito coisas ruins. Mas é porque você não merece ficar usando a roupa da raiva, a roupa da angústia. Quando você abençoa, emana para o outro aquilo que vai receber de volta.

MAY ANDRADE

EXERCÍCIO DO DIA

Hoje, quero que você vá a uma floricultura e compre duas rosas. Coloque as duas no mesmo vaso – ou, se preferir, pode ser em vasos separados – e faça o mesmo experimento que eu fiz. Durante três ou quatro dias, emane muito amor e carinho para uma das rosas, abençoando-a. Nesse mesmo período, ignore totalmente a outra flor. Se quiser, pode até mesmo dirigir a ela energias ruins, como xingamentos ou palavras com raiva.

Com o passar dos dias, vá reparando como as duas se apresentam. Assim, de maneira prática, você vai compreender como é importante emanar energias positivas para todos que o cercam, para também receber o mesmo.

MINUTOS DE INSPIRAÇÃO

DIA 42

APRENDER ALGO NOVO

Qual foi a última vez que você aprendeu algo novo? Pense bem... Pode ter sido uma informação que não sabia, um curso que fez ou uma habilidade que adquiriu, como desenhar. Pode ser qualquer coisa. Isso é muito importante! Porque a vida é assim, uma mudança constante. Estamos sempre evoluindo. É para frente que se anda, não é mesmo? Aprender algo novo a todo momento nos permite vivenciar novas experiências e, com isso, descobrir potenciais que nem sabíamos que tínhamos.

Quanto mais aprendemos, vivenciamos e expandimos a nossa consciência, mais crescemos e mais a nossa mente vai se tornando aberta e livre. Tornamo-nos mais eloquentes, muito mais cultos. Não é à toa que pessoas que leem muitos livros têm mais conhecimento, porque são novas informações entrando o tempo inteiro. Porém, não valorize somente o conhecimento repleto de cultura, mas também as pequenas coisas da vida.

Muitas vezes, são os nossos próprios filhos que nos ensinam algo. Ainda mais agora que as crianças sabem tudo sobre internet, tecnologia... No dia a dia, acabam nos trazendo informações que nem sequer sabíamos. E vamos ganhando novas habilidades, por mais simples que sejam, por causa deles. Afinal, cada pequeno aprendizado também vai agregar para a sua expansão de consciência.

EXERCÍCIO DO DIA

O desafio é você se abrir para aprender algo novo. Se você já fez aulas de balé quando criança e vinha pensando em aprender dança de salão, por que não se matricula hoje? Se você, quando vai para a academia, sempre vê a aula de kickboxing pelo vidro, mas nunca teve coragem de entrar, que tal fazer uma aula experimental? Se adora culinária, por que não busca na internet uma receita que nunca preparou antes? Seja qual for a sua habilidade, lembre-se de que é sempre interessante aprender algo novo. Mas, hoje, você pode até tentar algo mais simples, como começar a assobiar ou descobrir quais são as capitais de alguns países. O importante é manter a mente aberta para aprender algo que você nunca vivenciou.

MINUTOS DE INSPIRAÇÃO

DIA 43
NÃO CONVENÇA NINGUÉM

Preste muita atenção: não se importe em convencer ninguém de nada. Não é sua missão convencer as pessoas de alguma coisa. Quando você tenta fazer isso a todo custo, sofre. E atrai a inimizade e antipatia das pessoas. Então, não se preocupe se as pessoas não entenderem o seu caminho, o seu jeito de pensar, o seu jeito de falar ou a sua opinião sobre qualquer assunto que seja. A sua missão na Terra não é sair convertendo todo mundo aos seus pensamentos, àquilo que você acredita, à sua visão sobre qualquer área que for.

Quando você entende isso, vive muito mais leve e é capaz de conversar com quem tem ideias totalmente diferentes das suas sem sofrer. Você já reparou que aquelas pessoas que fazem questão de enfiar na cabeça dos outros o que pensam – "Isso é que é o certo, é um absurdo o que o outro acredita" – sofrem muito e são antipáticas? Ninguém quer estar perto delas, porque são consideradas chatas. E quando alguém fica na conversa, um começa a querer brilhar mais do que o outro ao tentar convencer sobre suas convicções, nascendo, assim, as discussões, as desavenças e os sofrimentos.

    Não tente convencer ninguém, porque o convencimento não vem de fora para dentro, e sim de dentro para fora. É um despertar que é muito interior, muito pessoal, e cada pessoa tem o seu tempo. Assim como as árvores possuem o seu período para florescer, cada pessoa tem a sua velocidade e está vivendo uma experiência temporariamente humana diferente da sua. Convença a si mesmo disso, porque tenho certeza de que vai viver uma vida muito mais motivada e inspirada. Será por meio de seus exemplos que as pessoas vão ser convencidas, não pelas suas palavras.

EXERCÍCIO DO DIA

O desafio de hoje não é nada fácil, mas você vai conseguir, se praticar todos os dias: quando entrar numa conversa, aceite as pessoas do jeito que elas são. Respeite o pensamento delas. Seja aquela pessoa bacana que entende que cada um tem a sua visão e que você não precisa convencer ninguém do que acredita. Se, mesmo assim, ao conversar com alguém você se perceber incomodado com a postura do outro, diga a si mesmo:

"Esse é o ponto de vista dele e não preciso convencer ninguém. Eu escolho ser feliz e seguir o meu caminho em paz".

DIA 44

RESPEITE O SEU DINHEIRO

Você já parou para pensar onde está colocando o seu dinheiro? Isso é muito importante, porque dinheiro é energia. Ele é o fruto da sua energia que foi investida em algo que lhe trouxe o resultado monetário – que, por sua vez, também é energia. E onde você coloca o seu resultado monetário é para onde vai a sua energia para criar mais daquilo para você. Quando você entender que energia gera energia, saberá onde colocar o seu dinheiro, que vai produzir mais energia positiva e fazer com que você cresça muito mais e melhor não só financeiramente, mas em todas as áreas da sua vida.

Pergunto novamente: onde você tem colocado a sua energia monetária? Você já deve ter reparado que as pessoas não medem esforços para pôr o dinheiro delas em várias coisas que querem: uma roupa, um sapato, uma bolsa nova, arrumar o cabelo, sair com os amigos... Tudo bem, todos nós merecemos isso. Destinar o dinheiro ao que nos traz bem-estar é um bom investimento também. Mas não é o único. O investimento que realmente gera resultados positivos para você e multiplica a sua energia monetária é o que você faz em si mesmo.

O seu maior ativo é o seu *mindset*, a sua mente, o seu conhecimento. Muitas pessoas acham caro comprar um curso ou um livro, mas não acham caro pagar esse mesmo valor em outras coisas que não vão agregar conhecimento a elas. Alguém que, por exemplo, adquiriu uma grande riqueza por meio de muito estudo, trabalho e desenvolvimento pessoal, ainda que perca todas essas coisas, consegue reconstruir tudo, porque tem um *mindset* capaz de conseguir isso. Afinal, o conhecimento e a expansão da consciência são os únicos fatores que ninguém pode tirar de você.

Quando você compra um livro ou um curso pela internet, por exemplo, é um investimento no seu conhecimento. A menos que compre e deixe o livro lá na estante acumulando poeira ou nunca pare para assistir ao curso. Mas se você se sentar e ler ou estudar de verdade, ingerindo todos aqueles conhecimentos, com certeza será um bom investimento. Ao comprar este livro, por exemplo, você fez um investimento muito positivo na sua autoestima, na sua positividade, na sua mente.

Então, coloque a sua energia em mais atividades que vão agregar na sua expansão de consciência. Um sapato acaba e vai para o lixo. Mas o que você aprende num livro ou num curso pode transformar toda a sua vida. Eu sou a prova viva disso. Para chegar até aqui, eu tive que consumir muitos livros, muitos cursos, muitas palestras, vários vídeos – mesmo que fossem gratuitos, eu investia o meu tempo assistindo e estudando. Faça o mesmo e isso trará resultados que serão eternos para você. Quando a sua consciência expande, a sua vida melhora e fica mais bonita e mais leve. E o dinheiro é uma consequência da expansão da consciência, está bem? E aí sim você poderá investir em roupas e sapatos, mas sempre sabendo que a sua prioridade é investir em você.

EXERCÍCIO DO DIA

Você tem uma pequena biblioteca em casa, por menor que seja? Pois eu quero que você vá até ela e veja os livros que possui, mas nunca leu. Comprou e deixou empoeirar. Comece hoje a leitura! Mas, se preferir, vá a uma livraria, passeie pelos vários títulos e escolha um que você saiba que será um bom investimento para a expansão da sua consciência. Compre e comece a ler hoje. Se na sua cidade não houver livrarias físicas, não tem problema. Na internet, entre numa livraria virtual e compre o seu livro. Só a atitude de adquirir on-line já vai valer pelo dia de hoje. Mas atenção: assim que chegar em sua casa, é para ler, hein?

MINUTOS DE INSPIRAÇÃO

DIA 45

INVISTA EM VOCÊ

    Sempre que você pensa na palavra "investimento", o que vem à sua cabeça? Bolsa de valores, ações, esse tipo de coisa... Ou, talvez, comprar apartamentos para poder viver dos aluguéis. Por outro lado, quando vamos comprar algo ou quando vamos a um restaurante, passeio ou viagem, sempre usamos o termo "gastar". Gastar tem uma conotação de perda, e investir, de ganho. Quando você diz "eu invisto em algo", significa que aquilo lhe dará um retorno. E quando fala "eu gasto em algo", a sensação que dá, no inconsciente, é de que está perdendo. Um dinheiro que está dando e que não vai mais voltar para você.

    Porém, não é bem assim. Vivemos num mundo vibracional, em que tudo vibra, tudo emite um sinal. Tudo aquilo que fazemos sempre volta para nós num sinal de igual frequência. Por isso, eu convido você a usar a palavra "investir" mais vezes. Isso porque, ainda que aquilo que você gasta não volte para você em forma de dinheiro – como acontece nos investimentos financeiros –, virá numa outra forma de moeda. Por exemplo, se faz uma viagem, o seu retorno será bem-estar, alegria, satisfação, momentos bem vividos e uma sensação de relaxamento para, ao voltar, enfrentar a correria do dia a dia revigorado. Além disso, você retorna mais experiente, com a sua mente mais expandida por ter conhecido uma outra cultura.

Invista em você não só viajando, mas, de repente, fazendo as suas unhas. Não é um gasto de dinheiro, e sim um investimento no seu bem-estar, na sua autoestima... Comece a ver as coisas por esse ângulo. Costumamos ouvir as pessoas falarem que pensar em nós é egoísmo. Mas, se você não pensar em você, quem vai fazer isso? Até porque, você se cuida para poder cuidar do outro. É como a história da máscara do avião: a instrução é "coloque em você primeiro e depois coloque no outro", inclusive se for uma criança.

Se você só investir nos outros, vai começar a se renunciar e a guardar tanta mágoa, tanta ausência dentro de si... E esse vazio gera uma série de consequências em nosso subconsciente que podem ser nocivas não só para nós mesmos, como para a nossa relação com as pessoas. Então, sim, invista em você. E pare de falar que isso é gastar dinheiro. Entenda: não é gastar nem tempo, nem dinheiro; é investimento na sua qualidade de vida.

MINUTOS DE INSPIRAÇÃO

EXERCÍCIO DO DIA

Hoje, olhe para você e diga: "No que eu posso investir em mim mesmo, no meu bem-estar?". Pode ser até algo pequeno, como tomar um banho demorado, comer uma refeição gostosa, sentar-se e apreciar o pôr do sol sem fazer nada, sem pensar em nada, apenas relaxando. Mas também pode ser um investimento que envolva dinheiro, como comprar algo que vinha desejando muito ou ir a um *day spa* receber uma massagem relaxante. Se dê esse presente!

Invista em você!

MAY ANDRADE

DIA 46
FALE COM OS OBJETOS

    Hoje, quero passar para você uma lição que aprendi com meu filho Max. Quando ele era pequeno, amava bonecos e considerava que eles realmente eram vivos e tinham personalidade. Todas as noites, dormia abraçado com dois deles, o Elmo, da Vila Sésamo, e um macaquinho chamado Jack. Mas por que o Max amava tanto esses brinquedos e eram os únicos com quem ele dormia? Porque agregou um valor sentimental a eles, já que todas as noites, quando eu e meu marido o colocávamos para dormir, ficávamos fazendo vozes como se fossem os brinquedos falando com ele. Meu filho associou o amor que tinha por nós aos bonecos.

    E o que isso nos ensina? Que precisamos demonstrar mais esse amor pelas coisas que temos. Pense, por exemplo, no carro que leva você todos os dias da sua casa para o seu trabalho. Você já demonstrou amor por ele? Já agradeceu por ele existir? Você já passou a mão no volante e disse: "Carro abençoado, eu te amo tanto, sou tão grata por você...". E já agradeceu aos seus sapatos favoritos, à cama em que dorme? Já agregou valor a esses objetos tão importantes, que são bênçãos que temos todos os dias?

Comece a demonstrar amor pelos objetos que você tem. Tenho certeza de que vai vê-los durar muito mais. Em relação ao carro, por exemplo, a energia da gratidão que você emanar para ele fará com que quebre menos e que você esteja muito mais protegido de acidentes. O mesmo digo de sua casa. Imagine que ela tem sentimentos, igual meu filho acreditava que seus brinquedos possuíam e, por isso, os amava muito. Então, comece a amar, a ser grato e a abençoar o local em que mora. E nada de pensar: "Ai, estou falando com as paredes". Não! Tudo é feito de átomo, e átomo é consciência, como já foi comprovado pela física quântica. Portanto, emane sempre boas energias para tudo o que tem.

MAY ANDRADE

EXERCÍCIO DO DIA

Quero que você dedique o seu dia a abençoar e agradecer às coisas materiais que tem. Por exemplo, se trabalha usando um computador, diga a ele o quanto é grato por ajudá-lo a ganhar o seu dinheiro e por funcionar tão bem; se trabalha no ramo alimentício, emane uma energia de gratidão ao fogão, à geladeira e a todos os utensílios de cozinha. Abençoe e agradeça à roupa que veste, à cama em que dorme, ao ventilador que refresca o seu quarto, à televisão que o diverte, ao carro que o leva de um lado para o outro... Faça esse exercício de se dar conta da quantidade de objetos que existem para garantir o seu bem-estar. E seja cada vez mais grato por todos eles.

MINUTOS DE INSPIRAÇÃO

DIA 47
A PRIMEIRA INTENÇÃO DO DIA

Qual a sua primeira intenção do dia? Ou será que você não coloca qualquer intenção assim que acorda? Isso é fundamental, porque a nossa primeira hora após abrirmos os olhos pela manhã é a mais importante e decisiva do dia inteiro. Você já parou para refletir sobre isso? Você lembra qual foi o seu primeiro pensamento assim que despertou hoje? Em geral, nunca prestamos atenção nisso, mas é determinante.

Normalmente o primeiro pensamento do dia é algo que nos deixou preocupados na noite anterior, algo que teríamos que fazer. Por exemplo, você foi dormir pensando na prova de concurso para o qual tanto se preparou. No dia seguinte, é bem provável que o seu primeiro pensamento seja esse concurso, e você acorda muito mais motivado. Levanta-se rápido, se arruma e vai à luta, porque o dia da prova finalmente chegou. O mesmo acontece quando tem uma viagem para fazer. Você se levanta até de madrugada e não precisa ninguém o chamar. Seu corpo obedece com uma facilidade impressionante, não é mesmo?

E o que acontece nos outros dias? Se você não possui uma intenção estabelecida, deixa as cobertas se arrastando... Não tem uma motivação que o faça pular da cama. Mas e se você contasse, todos os dias, com uma intenção para se levantar? Eu fiz disso uma rotina na minha vida. Assim que acordo, meu primeiro pensamento é: "Uau, preciso me levantar para fazer a minha rotina de meditação, caderno da gratidão e leitura". Eu firmei o compromisso de que ia fazer isso por 30 dias para ter um resultado transformador na minha vida, como ensina o livro *Milagre da Manhã*, e eu realmente tive.

Que tal você também colocar essa mesma intenção para repetir por uma semana? Ou pode ter uma intenção nova a cada dia, desde que ela seja forte o suficiente para fazer você sair da cama motivado. Não deixe que passe mais um dia em que você abra os olhos e nem saiba o que está fazendo aqui no mundo.

MINUTOS DE INSPIRAÇÃO

EXERCÍCIO DO DIA

    Hoje, você vai fazer um planejamento de intenções para os próximos cinco dias. Pode ser até que sejam os mesmos para todos eles, mas você também pode variar. O importante é que pense, neste dia, o que poderá motivá-lo a cada manhã, fazendo com que o restante do seu dia seja maravilhoso. E trate de colocar em prática ao acordar amanhã e nos quatro dias seguintes. Anote suas intenções abaixo:

_____

_____

_____

_____

_____

_____

_____

_____

_____

_____

MAY ANDRADE

DIA 48
A CHUVA DA VIDA

Quando eu morei em Brasília, onde o clima é muito seco, houve um período que ficou cem dias sem chuva. Eu olhava pela janela e via a grama toda marrom, ressecada. Até que, finalmente, numa noite começou a chover e ficou assim a madrugada toda. Não foi uma chuva forte, mas serena. O suficiente para hidratar a vegetação. E, pela manhã, vi que a grama perto da minha casa já estava começando a ficar verdinha. Eu achei tão interessante que até comentei com o meu marido: "Começou a ficar verde de novo porque a chuva voltou".

Tudo é uma fase. A própria natureza nos mostra isso. E a nossa vida também é feita de ciclos, de fases. Eu gosto de usar o exemplo do pêndulo do Universo, que é descrito no livro *O Caibalion*. A vida é assim, cheia de altos e baixos. Talvez você esteja passando por uma fase de seca, como Brasília, mas a grama, ainda que aparentemente morta, na verdade, estava ali viva, lutando, mantendo-se firme até que a chuva chegasse. A natureza sabe que existem fases e simplesmente espera a próxima chegar.

Seja como a natureza: espere e não reclame. Não dê mais crédito a alguma situação difícil que esteja vivendo. Apenas coloque dentro de você: "Essa fase vai passar, tudo passa". Uma hora, a chuva voltará e a sua grama ficará muito mais verde.

EXERCÍCIO DO DIA

Neste dia, quero que você faça um inventário dos altos e baixos pelos quais já passou em sua vida. Lembre-se, por exemplo, de uma fase em que ficou desempregado, mas depois conseguiu um emprego e tudo voltou a florir em sua vida. Ou, então, de uma época em que precisou lidar com alguma situação séria de saúde, até que finalmente ficou bom e pôde retomar as suas atividades. Nas linhas abaixo, escreva essas situações em que o seu pêndulo ora estava embaixo, ora estava em cima. Isso vai lhe ajudar a entender que não é necessário se desesperar nos momentos difíceis. Logo, logo, eles vão passar.

_____
_____
_____
_____

MAY ANDRADE

DIA 49

A SEMENTE DA OPORTUNIDADE

Quero compartilhar com você uma frase do livro *As Sete Leis Espirituais do Sucesso*, de Deepak Chopra: "Todo problema contém em si uma semente de oportunidade". Consegue perceber a profundidade dessas palavras? Por isso, não devemos ficar só evitando os problemas. Quanto mais jogarmos a situação difícil para debaixo do tapete, a tendência é que ela aumente ou se repita. Os problemas são como as provas que fazíamos na escola, para verificar se realmente tínhamos absorvido a lição que precisava ser aprendida. Se não tirássemos nota suficiente, teríamos que repetir a lição.

Às vezes, o problema vem no formato de uma pessoa. E você decide ignorá-la ou afastá-la de sua vida, em vez de aproveitar a oportunidade, ou seja, a lição que ela tem para lhe ensinar. Passado um tempo, outra pessoa semelhante se aproxima de você. Daí, você começa a ter o mesmo problema. Isso acontece muito na área amorosa, não é mesmo? Assim, acaba repetindo as mesmas situações com pessoas diferentes, porque não aprendeu a lição que precisava quando se viu pela primeira vez diante do problema.

É por isso que todo problema contém uma semente da oportunidade. Oportunidade de quê? De aprender. E aprender é evoluir, é expandir a consciência. Comece a retirar a negatividade e o preconceito em torno da palavra "problema", porque ele traz a oportunidade de aprender algo novo, de se superar, de quebrar suas barreiras e seus limites.

Existe um ditado que diz: "Mar calmo nunca fez bom marinheiro". Portanto, quando estiver diante de uma situação desafiadora, aproveite o que ela veio lhe ensinar. Existem inúmeros casos de empreendedores que, justamente no momento da crise, enxergaram a oportunidade de crescer. É aquela história de que, quando todo mundo está chorando, alguém está vendendo lenços, entende? Acredite: o problema traz uma solução em si mesmo. Se você olhar para dentro, vai encontrá-la.

EXERCÍCIO DO DIA

Quer provar para si mesmo que o problema traz oportunidades? Então, liste abaixo três situações em sua vida em que tudo estava dando errado, mas você aprendeu uma lição que fez toda a diferença. Ao relembrar disso, verá com outros olhos quando um problema futuro acontecer, na certeza de que a solução e o aprendizado sempre chegam.

PROBLEMA E APRENDIZADO #1

_____
_____
_____

PROBLEMA E APRENDIZADO #2

_____
_____
_____

PROBLEMA E APRENDIZADO #3

_____
_____
_____

MINUTOS DE INSPIRAÇÃO

DIA 50

O CALDEIRÃO

Você já deve ter ouvido falar da lenda dos antigos magos alquimistas, que usavam aquele chapelão e ficavam trabalhando com elementos químicos em seu caldeirão, para transmutar tudo em ouro. O mago Merlin, conselheiro do rei Arthur, é um dos mais conhecidos. Mas, na verdade, toda essa representação física esconde um significado simbólico. E, hoje, quero falar com você sobre o caldeirão.

O que ele simboliza? O caldeirão de todo verdadeiro alquimista é a sua própria mente. Tudo que ele vai colocando ali é para criar um terceiro elemento, um resultado. Da mesma maneira, tudo o que você coloca para dentro da sua mente trará um resultado tangível para a sua realidade. Se estiver pondo elementos como pensamentos e sentimentos de amor, paz, alegria, gratidão, abundância e prosperidade, é isso o que você criará para a sua vida.

Mas e se as imagens mentais que você está colocando no seu caldeirão forem perna de coruja, rabo de macaco e uma barata morta, o que espera que saia de dentro dele? Por isso, não jogue lixo no seu caldeirão, ou melhor, na sua mente. Pensamentos, palavras, imagens e sentimentos negativos vão se transformar em elementos químicos, que criarão uma realidade igual no seu caldeirão da vida. E você não quer isso, não é mesmo?

EXERCÍCIO DO DIA

Passe o dia de hoje inteirinho pensando: "Eu sou o alquimista da minha própria realidade e a minha mente é o meu caldeirão". Decida colocar para dentro do seu caldeirão somente aquilo que você quer manifestar. Essa é a sua missão aqui na Terra. Ninguém vai fazer isso por você. É sua responsabilidade cuidar do que coloca em sua mente, sabendo que terá o resultado semelhante manifestado em sua vida.

MINUTOS DE INSPIRAÇÃO

DIA 51

JANELAS DA ALMA

Imagine que você vai preparar um bolo. Além da farinha, dos ovos, do leite, da manteiga, do fermento e do açúcar, decide incluir uma xícara de sal aos ingredientes. Qual será o resultado? Ninguém vai gostar. O mesmo acontece quando colocamos em nossa mente (o caldeirão, que comentei no "dia" anterior) pensamentos de alegria, paz e amor junto com sentimentos de negatividade. Não dará certo.

E você sabe qual é, em nós, uma das portas de entrada para a maioria desses elementos? As janelas da sua alma: os seus olhos. No geral, os cinco sentidos são portas de acesso para você nutrir a sua mente. Mas os olhos se destacam. Às vezes, nem percebemos, mas ficamos com a visão fixa em algo que não queremos. Ao agirmos dessa maneira, damos atenção, foco e energia para isso se manifestar e se repetir muitas outras vezes em nossa vida.

Por isso, cuide de seus olhos, para não permitir que entrem no seu caldeirão elementos químicos intrusos que vão estragar todo o seu bolo. De vez em quando, uma simples imagem que você observa na TV ou na rua pode estragar todo o seu dia, deixando você triste, não é mesmo? Sei que muitas coisas são inevitáveis de enxergarmos à nossa volta. Porém, você pode, sim, cuidar melhor daquilo que assiste, daquilo que vê. É só prestar atenção direitinho no que está permitindo que entre na sua vida. Abra as janelas da sua alma para tudo o que há de positivo e que pode transformar a sua realidade em algo melhor.

EXERCÍCIO DO DIA

Vou fazer um desafio que pode ser difícil para você: quero que fique o dia inteiro sem assistir às notícias na TV. Também não ouça no rádio, não leia no jornal e fique longe delas na internet – se aparecer alguma notificação de notícia, resista à tentação de clicar para ler. O fato é que os noticiários são grandes fontes de negatividade, mostrando muito mais as desgraças do mundo do que os acontecimentos positivos. Portanto, procure ficar um dia sem contaminar a sua mente com notícias ruins. Ao contrário, procure ver programas com um conteúdo alegre e otimista, e leia livros ou sites que coloquem você para cima.

Se você já faz isso normalmente, pense em evitar tudo aquilo que lhe faz mal e baixa a sua energia. Por exemplo, se alguém chegar até você querendo contar uma fofoca ou alguma notícia ruim, disfarce e peça licença para não se envolver nos comentários negativos.

MAY ANDRADE

DIA 52

VISÃO DE MUNDO

Qual a sua visão de mundo? Ela é construída em cada um de nós por fatores externos. Aquilo que pensamos que o mundo é varia de acordo, por exemplo, com a nossa cultura, com os costumes de família, com a nossa religião... Enfim, desde que somos bem pequenininhos, são fatores externos que acabam nos influenciando a criar uma visão de mundo.

Eu fui de uma religião que acreditava que o mundo era predominantemente mal. Aprendi que a essência do ser humano era a maldade. Pensar dessa maneira foi muito ruim para mim, e acabei caindo numa depressão bem forte, porque eu não conseguia me sentir uma pessoa positiva, já que o mundo era negativo. Assim, pela influência da religião de que eu fazia parte, acabei formando a minha visão de mundo.

Mas o sugestionamento não vem só daí. Basta olharmos também para as notícias na TV e no jornal, sempre negativas. É impressionante como notícias positivas não dão tanta audiência, não é mesmo? E qual o resultado disso? A maioria das pessoas acredita mais no negativo do que no positivo, adquirindo uma visão de mundo totalmente caótica.

Você já deve ter ouvido muita gente dizendo algumas dessas afirmações: "Não tem o suficiente no mundo. Tem mais gente passando fome do que comendo. Tem mais escassez do que abundância. Não tem emprego para todo mundo". Mas e você, acredita que o ser humano é predominantemente mal ou acha que todos temos uma essência divina, uma Centelha Divina, dentro de nós? Hoje, minha visão de mundo mudou completamente e eu sei que, quando ativamos a Centelha em nós, ativamos também no outro. Saiba que você tem essa capacidade de se comunicar com o lado luz da outra pessoa.

EXERCÍCIO DO DIA

Reflita hoje sobre qual é a sua visão de mundo. O que você acredita que o mundo é? Como é o mundo em que você vive? Nele, predomina a maldade, a ignorância, a mesquinhez, a escassez? Ou é um local em que você cria a sua realidade e escolhe focar a sua atenção nas coisas magníficas que existem na Terra e nas pessoas? Escreva nas linhas a seguir e, se perceber que carrega algum pensamento negativo em sua visão de mundo, decida abandonar isso e pense nas coisas boas que ele tem.

MINUTOS DE INSPIRAÇÃO

DIA 53

SIGA SUA PAIXÃO

Já reparou que, quando você segue a sua paixão, encontra inspiração e forças, e sente que tudo flui mais fácil? É que, ao colocar o seu coração naquilo que está fazendo, a hora passa e você nem percebe. Faria até de graça, movido pelo enorme prazer que sente. Normalmente chamamos essas atividades de hobbies, porque realizamos com paixão, garra, determinação e amor, cheios de inspiração. Nós nos divertimos com isso.

Porém, temos aquela ideia errada de que um hobby nunca pode ser a nossa profissão. Uma coisa tem que vir separada da outra. Mas não precisa ser assim. Quantas pessoas você conhece ou já ouviu falar que ganham a vida fazendo o que amam? Por exemplo, jogadores de futebol que foram encontrados por olheiros de times e se tornaram grandes astros ou surfistas que só queriam desfrutar da alegria do esporte e acabaram se tornando profissionais. Isso acontece em várias profissões. Geralmente as pessoas que se destacam na sua área de atuação estão sendo movidas pelo coração, porque amam o que fazem. E o dinheiro vem como consequência disso.

    Talvez você me pergunte: "Como deixar o meu trabalho mais fácil, se estou fazendo algo de que não gosto?". Realmente, não dá para mudar a sua vida da noite para o dia, a não ser que você ganhasse na Mega-Sena. Mas você pode tentar desempenhar a sua atividade atual com amor. Faça isso e verá que tudo ficará melhor. Vamos supor que todo dia você saia de casa dizendo assim: "Poxa, estou indo trabalhar obrigado, porque não gosto". Para inverter esse jogo, que tal começar a procurar coisas que o agradam no seu trabalho? Tenho certeza de que vai achar. E trate de focar nisso.

    Quando eu ainda morava com meus pais, trabalhava numa companhia bem grande na cidade vizinha. Era um trabalho desafiador, com um chefe difícil, mas, para deixá-lo mais agradável, eu saía de casa bem cedinho e ia dirigindo pelo caminho mais bonito, no qual eu via o nascer do sol sobre o rio Amazonas. Também colocava uma música bacana ou uma palestra. Aquilo me motivava a ir. Adorava, ainda, a hora do almoço com os amigos no refeitório, em que era servida uma comida deliciosa. E amava a hora de ir embora, porque sabia que chegaria em casa e minha mãe estaria me esperando com café e pão bem quentinhos. Focar nessas coisas fez com que o meu tempo nessa empresa fosse muito agradável e eu consegui trabalhar muito melhor.

Lembre-se de que tudo é temporário, inclusive o emprego em que está agora. Mesmo que você seja dona de casa e viva cansada com as tarefas domésticas e com a trabalheira que os filhos dão, isso também passará. Uma vez, eu estava desesperada vendo a bagunça do meu filho e senti a minha Centelha falar comigo: "Aproveite! Um dia, você sentirá saudades de ver os brinquedos espalhados pelo chão porque ele vai ser um homem e estará longe". Então, comece a ver o lado bom de tudo. Assim, ficará mais fácil jogar amor naquilo que você está fazendo, nos detalhes do seu trabalho e do seu dia a dia.

EXERCÍCIO DO DIA

Convido você a refletir se está seguindo a sua paixão hoje na sua atividade principal, seja seu trabalho, suas tarefas domésticas ou o curso profissionalizante ou faculdade que está fazendo. Caso não esteja, quero que escreva abaixo os pontos positivos dessa atividade e o que pode aprender com ela para usar depois em algo que preferir. Assim, poderá passar por essa experiência com mais facilidade, até que consiga se dedicar à sua paixão.

DIA 54

QUEM VOCÊ PENSA QUE É?

  Quero lhe fazer uma pergunta: quem você pensa que é? Sempre ouvimos isso dentro de uma conotação negativa, em brigas ou desavenças. Mas, se levarmos para o lado positivo, a resposta a essa questão é tão essencial, porque determina como as pessoas vão ver você e quais serão os seus resultados. O professor e autor Neville Goddard falava que o mais importante que devemos fazer na vida é trabalhar a nós mesmos, a nossa autoimagem. Assim, a concepção que você tem de si mesmo define quem vai se tornar nessa existência.

  Alguns anos atrás, eu fiz um exercício muito interessante. Primeiro, determinei o que queria ser. Depois, escolhi várias pessoas que me inspiravam e me motivavam. Então, comecei a pensar: "Como Fulano age? Qual a sua postura? O que ele pensa ao gravar vídeos? O que pensa quando vai dar palestras?". Eu ficava treinando na frente do espelho para me olhar com aquela imagem mental das pessoas que admirava e desejava ser igual. Isso é mágico!

    Talvez, no início, você não vá conseguir tanto, porque o seu ego entrará em cena para brigar. Mas é importantíssimo que mude a imagem mental de si mesmo. Porque você é a Centelha Divina. Você é Deus em ação. Você é a energia não física que se transformou em física para viver uma experiência temporariamente humana. Esse é o seu verdadeiro eu.

MINUTOS DE INSPIRAÇÃO

EXERCÍCIO DO DIA

Vá para a frente do espelho, olhe bem dentro dos seus olhos e pergunte-se: "Quem você pensa que é?". Tenha o desejo sincero de obter a resposta. Talvez você não goste muito do que vai vir na sua mente. Mas não fique triste. Não se julgue, nem se condene. Pelo contrário, essa é uma oportunidade para mudar a imagem mental que faz de si mesmo.

Nas linhas a seguir, registre como você deseja se ver daqui para frente. Comece escrevendo: "Eu sou..." e complete com as qualidades que deseja desenvolver. Daqui a alguns meses, ou mesmo anos, volte aqui para avaliar se conseguiu fazer as mudanças que tanto desejava.

MAY ANDRADE

DIA 55

TUDO ESTÁ BEM

Gosto muito de uma frase de Abraham, que são seres espirituais canalizados por Esther Hicks: "Se você soubesse que tudo está realmente bem e que tudo sempre tem um final feliz, então você não se sentiria angustiado sobre seu futuro. Tudo está realmente bem! Se você pudesse acreditar e confiar nisso, então imediatamente tudo ficaria automaticamente e instantaneamente bem". Por que tudo ficaria automaticamente e instantaneamente bem? Porque aquilo que você acredita ser a verdade é o que se manifesta na sua experiência.

E isso não é uma acusação, pelo contrário. É uma libertação. Afinal, se a sua realidade vem dos seus padrões mentais, ela depende de você, do seu autocontrole. Isso é ótimo, porque você não precisa esperar por ninguém para resolver a sua vida. É só entender, hoje, que tudo está bem. Comece a acreditar e a fazer disso uma verdade no seu interior. Você vai ver que isso se manifestará de formas tangíveis na sua realidade.

Aceite: não tem nada de errado acontecendo. "Ah, mas você não está vendo como eu estou?", você pode me perguntar. Calma... Até nos momentos mais difíceis da vida, no final, tudo termina bem. Olhe para trás e se lembre daqueles dias em que você achava que estava tudo destruído e acabado. Você conseguiu dar a volta por cima, não foi? E, certamente, saiu mais forte. Por isso, independentemente das aparências, nunca se esqueça dessa frase: "Tudo está bem".

EXERCÍCIO DO DIA

Pegue um pedaço de papel e escreva nele: "Tudo está bem". Coloque em sua carteira ou bolsa. Em outros papéis, escreva o mesmo e pregue no espelho do banheiro, no seu guarda-roupa, na pia da cozinha e em qualquer outro lugar em que você fique por um bom tempo. E acredite! Imagine que é Deus falando isso para você: "Ei, tudo está bem!". Faça esse exercício e eu tenho certeza de que vai transformar não só o seu dia, mas também a sua perspectiva de vida e, consequentemente, a sua existência.

MAY ANDRADE

DIA 56

FELIZ PELO OUTRO

    Você consegue se sentir verdadeiramente feliz pelo outro? Você sabia que o outro não existe? Sabia que o mundo inteiro é uma coisa só? Sim. Só existe um único personagem, uma única coisa no mundo, que é o Todo, a consciência criadora que se transformou em tudo o que há. E quando você fica feliz pelo outro, fica feliz por si mesmo.

    A física quântica diz que nós estamos todos emaranhados, e que a consciência criadora (ou substância amorfa) permeia, penetra e preenche os interespaços do Universo. Não existe vazio no Universo, não existe ninguém desconectado de nada. Então, quando você se sente feliz pelo outro, emana essa sensação ao Universo. Só que ele não entende palavras, como "Olha, ele está feliz pelo outro". Não! O Universo só vai interpretar um sinal: felicidade. Se você se sintonizar a essa frequência, independentemente se é por outra pessoa ou por algo que aconteceu com você, atrairá mais momentos felizes. Isso porque está emanando uma mensagem de que também merece ser feliz e de que acredita que todas as pessoas também merecem.

Outro dia, fui ao shopping com a minha família e, à nossa frente, na escada rolante, havia um casal de jovens namorados se beijando. Eu olhei para eles e veio dentro de mim uma conexão com a sensação de amor, de estar apaixonado... Relembrei de tudo o que senti quando comecei a namorar o meu marido, de quando estávamos nos conhecendo. É tão gostoso estar apaixonado e ser correspondido, não é mesmo? E eu me senti verdadeiramente feliz por eles. Pensei: "Que lindos! Que sejam muito felizes juntos!". Na mesma hora, percebi a minha vibração aumentar e a sensação de amor emanar de mim. Ao fazer isso, eu não apenas abençoei aquele casal, como também abençoei o meu próprio casamento.

Então, quando aparecerem na sua frente pessoas felizes, fique contente por elas. Assim, mais gente feliz será atraída para a sua experiência. Ou você quer atrair pessoas ranzinzas, rabugentas, mal-encaradas e mal-educadas? Se reagir de outra forma, serão elas que vão cruzar o seu caminho.

MAY ANDRADE

EXERCÍCIO DO DIA

Hoje, pratique se sentir feliz pelo outro. Pode ser alguma situação que você veja pessoalmente ou até mesmo postagens nas redes sociais. Por exemplo, se algum amigo postar uma foto numa viagem incrível, fique feliz por ele e aproveite para deixar um comentário positivo. Se souber que o seu vizinho comprou um carro novo, curta com ele essa felicidade. Lembre-se de que, assim, vai emanar um sinal poderoso para o Universo de que a sua vez de ser feliz também está chegando. Mas estenda essa técnica para todos os dias de sua vida. Sempre se alegre pelas conquistas dos outros, porque isso conecta você com a frequência das manifestações.

MINUTOS DE INSPIRAÇÃO

DIA 57

ENTREGA

Numa luta de boxe, quando um dos lutadores não está mais aguentando, o que ele faz? Joga a toalha branca. Na guerra, quando um dos lados quer se render, levanta a bandeira branca. E nós fomos ensinados que essa é a atitude de quem perde, de quem pede para sair. Mas você já parou para pensar que esse gesto nem sempre é algo negativo, significando derrota ou fraqueza?

Se tem uma coisa que precisamos compreender é que no Universo existe um fluxo. Quando tentamos remar contra a maré da vida, nadar contra a correnteza do Universo, sempre vamos perder. E aí chega aquela hora em que temos que jogar a toalha e dizer: "Universo, já chega para mim". Só que esse não é um momento de tristeza, e sim, finalmente, uma rendição a um poder superior e maior do que nós mesmos.

Então, quando você está passando por uma grande dificuldade e já colocou toda a sua energia nisso, o que costuma fazer? Em vez de parar, diz: "Mas eu vou aguentar, eu vou me esforçar até o fim". Você acha que isso é maravilhoso? Não é. Solte, porque, se prender, vai se machucar mais ainda. Não tente forçar as coisas, deixe o fluxo do Universo correr o seu curso natural.

Há uma crença coletiva de que temos que ser guerreiros e lutar para conseguirmos algo com o nosso esforço e sofrimento. Esse tipo de enredo cria histórias dramáticas, lindas para o cinema, mas muito doloridas para a vida real. Está tudo bem se render, soltar, desistir, deixar ir... Isso não é derrota, e sim sabedoria. Apenas descanse na certeza de que você fez o melhor que pôde com a consciência que tem e que realizou tudo o que estava ao seu alcance. Quando você se rende para a vida, ganha, porque ela passa a conspirar a seu favor.

EXERCÍCIO DO DIA

Se você estiver passando por um momento difícil – ou quando passar –, procure perceber se está colocando gás demais, força demais, remando contra a maré. Caso sim, levante a bandeira branca e diga: "Eu me rendo. Eu escolho soltar e confiar no fluxo da vida". Pode acreditar: só de repetir para o seu subconsciente esse mantra, várias vezes, você vai sentir o seu coração se acalmar e uma paz maravilhosa inundará todo o seu ser.

MINUTOS DE INSPIRAÇÃO

DIA 58
DINHEIRO DIVERTIDO

Certa vez, fui a um restaurante chinês com meus pais e lá havia vários símbolos e arquétipos de prosperidade, como cédulas de vários países e uma grande estátua de Budai, o Buda gordinho e sorridente. Os clientes escreviam seus nomes em notas de dinheiro e colocavam para o Buda. Achei interessante porque se tornava uma brincadeira para os frequentadores. Eu e meus pais também deixamos as nossas notas lá, claro. O que mais me chamou a atenção foi que os donos do restaurante viam o dinheiro de forma leve e divertida.

Nós temos que pensar no dinheiro dessa forma, e não como muita gente faz: "Está faltando, tem conta para pagar, preciso de mais...". Devemos vê-lo sob outra perspectiva, associando lembranças positivas e, até mesmo, engraçadas, como o alegre Buda da prosperidade daquele restaurante chinês. Se você não mudar o seu relacionamento com o dinheiro e a forma como o vê, vai ter dificuldades de atraí-lo para a sua vida, porque ele é uma energia. Assim, traga mais alegria ao lidar com cédulas e moedas.

EXERCÍCIO DO DIA

Hoje, que tal se divertir fazendo o seu próprio Buda da prosperidade? Se não tiver um em casa, vá a uma loja esotérica e compre a imagem dele. Ponha-o num pratinho e encha de moedas. Pode colocar, até mesmo, aquelas cédulas de brinquedo. Depois, pelo tempo que quiser, você pode deixar o Buda exposto em sua casa e convidar os amigos para escreverem seus nomes em uma nota de dinheiro ou deixarem uma moedinha com a intenção de se conectarem com a energia divertida do dinheiro. O que importa é a intenção e a sensação positiva. Faça isso para ir se acostumando com o dinheiro como algo divertido.

MINUTOS DE INSPIRAÇÃO

DIA 59

O CORPO FALA

Você já parou para conversar com o seu corpo? Você sabia que o corpo fala? Inclusive, tem um livro com esse nome, que diz que, de acordo com o que está no nosso subconsciente, adotamos uma postura mais elevada (de autoridade) ou a de coitadinho. Mas ele não fala só com gestos e expressões, como também por meio das células que compõem tecidos e órgãos.

As células têm consciência, e isso a ciência já comprovou. Bruce Lipton, médico e cientista quântico, já mostrou que elas se comportam de maneira inteligente. Ele fez um experimento em que colocou, numa mesma paleta, células saudáveis de um lado e toxinas do outro. Numa segunda paleta, pôs células saudáveis ao lado de vitaminas e nutrientes. As células se comportaram de forma diferente de acordo com o elemento que estava ao lado delas. As que estavam na paleta junto a toxinas se moviam para longe delas. Já as que se encontravam perto de nutrientes iam na direção deles, querendo devorá-los. Por que se comportaram assim? Porque as células sabem o que é bom e o que não é bom para elas, ou seja, elas têm consciência. Tudo é o Todo em manifestação, em diferentes formas. E as células também são feitas da mesma consciência que o Universo.

Então, converse com o seu corpo e agradeça por ele ser saudável. As células vão ouvir você. É engraçado que só lembramos de ser gratos pela nossa saúde quando ela nos falta. Não faça mais isso. Quanto mais você agradece, mais coisa boa acontece. E quanto mais você agradecer pela sua saúde enquanto a possui, mais saúde terá. Ainda que você esteja um pouco adoentado, não deixe de falar com suas células como se elas já estivessem totalmente saudáveis. Isso porque aquilo que você foca a sua atenção expande e vai ser criado na sua realidade. Entenda que suas células têm consciência e sabem exatamente quando você está (ou não está) cuidando bem delas.

MINUTOS DE INSPIRAÇÃO

EXERCÍCIO DO DIA

Hoje, quero propor que você converse com o seu corpo antes de dormir – ou em algum outro momento do dia em que possa se deitar um pouco. Fale com as partes do seu corpo: "Boa noite, meus pés" – e coloque a atenção nos seus pés. Vá subindo para as suas pernas: "Que pernas lindas, obrigado por me levarem para todos os lugares". Vá para a barriga: "Obrigado, meu sistema digestivo, por você digerir os alimentos". E assim sucessivamente, até ter falado com todas as partes do seu corpo, agradecendo o bom funcionamento delas.

MAY ANDRADE

DIA 60

TOLERÂNCIA

    Li uma frase de um autor desconhecido, que achei muito interessante: "Tenha cuidado com o que você tolera, pois está ensinando às pessoas como elas devem tratar você". É mais ou menos aquela história de você dizer sim, quando, na verdade, queria dizer não. Isso também vai ensinando as pessoas a tratarem você desse jeito. Então, cuidado com o que você tolera.

    Muita gente costuma falar mal da intolerância, mas tem momentos em que você deve estabelecer os seus limites. Quando não faz isso, as pessoas vão testá-lo para ver até onde aguenta. Por isso, tem coisas que, de fato, você não deve tolerar. Se for tolerante com tudo, a pessoa que o tratou mal uma vez – e você simplesmente deixou passar – repetirá a dose duas, três, quatro vezes... Até que, um dia, você vai explodir e ficar fora de controle.

O ideal é que contenha os seus sentimentos, que resolva tudo com muita consciência, sabedoria e equilíbrio. Quando você fica tolerando, tolerando, tolerando, é como se um saco enchesse até explodir. Não deixe chegar a esse ponto. Resolva a questão antes que o saco encha totalmente.

Vou repetir: cuidado com o que você tolera. Se a pessoa falar algo com você de que não goste, diga logo: "Ei, não é assim que se fala". Seja autêntico, mas respeitoso. E a partir do momento em que agir assim, respeitando as pessoas e seus limites, essa será também a forma como elas irão tratar você.

EXERCÍCIO DO DIA

Hoje, quero que você tenha total consciência da maneira como trata as pessoas e como elas tratam você. E tome a seguinte atitude: dê aos outros aquilo que você quer receber para si mesmo. Além disso, trate a si próprio como você quer que os outros o tratem, sabendo colocar limites com todo o respeito. Esse exercício, na verdade, é para a vida. Mas se você não fazia isso antes, comece hoje. Entenda que, em relação a esse desafio, você será testado no dia a dia. Mas esses testes servirão para o seu crescimento e a sua expansão.

MAY ANDRADE

DIA 61

TUDO É ENERGIA

Você já deve ter ouvido que tudo é energia. Tudo vibra, nada está parado no Universo. Inclusive as coisas sólidas, como as paredes, os móveis da sua sala e o carro em que você anda. Tudo o que vê é feito de energia. Aquilo que chamamos de matéria é, na verdade, energia condensada. E um objeto se diferencia do outro pelo grau de vibração com que suas partículas estão vibrando.

Quando eu morei pela primeira vez nos Estados Unidos, fui visitar uma amiga e, em seu jardim, havia rosas lindas. Eu diria até perfeitas, de tão viçosas que estavam. Mas, no meio delas, tinha uma roseira que não estava muito bem, com as flores meio murchas. Elas eram na cor violeta bem escura. Então, disse para a minha amiga: "Nossa, suas rosas estão tão lindas... Por que essas daqui estão desse jeito? Você não está regando?". E ela respondeu: "Eu não gosto dessas daí, não. São horrorosas, com cor de defunto". Imediatamente, falei: "Não diga isso! Elas ficam recebendo a sua energia negativa e sabem que você não gosta delas. Olhe como estão... Já as outras, que você gosta, estão bonitas!". E ela reconheceu: "É verdade... Realmente, amo essas outras que são amarelas, rosas, brancas e vermelhas. Mas essa com cor de defunto eu não gosto". Importante dizer que ela regava todas as rosas por igual. Para você ver como é muito séria essa questão de energia...

Além dos objetos, as pessoas também recebem a nossa emanação, a energia que vibramos para elas. Por isso, lembre-se da história da roseira quando pensar em alguém: "Não vou com a cara, não gosto". Você está vibrando negatividade e, como retorno, essa pessoa também não vai gostar de você, podendo até mesmo se tornar um pesadelo em sua vida, porque você está canalizando uma energia ruim para ela. Comece a entender a sua responsabilidade quanto a isso: emane somente a energia que você quer de volta para você.

Afinal, nós temos aquilo que damos.

EXERCÍCIO DO DIA

    O exercício de hoje é muito simples. Em casa, você vai focar em algum objeto – por exemplo, uma cadeira – e imaginar que ele está vibrando, emanando sua energia. Olhe para o objeto e diga: "Eu vou me conectar com ele". E então comece a emanar gratidão: "Obrigado, cadeira, porque você é muito útil. Se eu não tivesse você, teria que me sentar no chão". Parece maluquice, mas não é. Você vai colher resultados de volta da energia que está canalizando para lá, já que existe algum grau de consciência em todos os átomos que compõem a matéria.

MINUTOS DE INSPIRAÇÃO

DIA 62
A LIÇÃO DE MICHELANGELO

Michelangelo foi um grande artista renascentista, que criou a estátua de David, até hoje considerada uma perfeição na arte da escultura. Mas tem uma história muito interessante por trás dessa obra tão famosa. Michelangelo foi contratado por um homem muito rico para dar vida a um pedaço de mármore. Ele até gostava de artes, mas não entendia muito. Só tinha o dinheiro para bancar a obra.

Quando Michelangelo terminou, chamou o investidor para dar uma olhada, juntamente a outras pessoas. E perguntou: "O que achou da estátua? Gostou?". O homem, orgulhoso, não quis ficar por baixo. Para mostrar a todos que conhecia alguma coisa de arte, respondeu: "Eu acho que o nariz está um pouco grande".

Percebendo a situação e sem discutir, o escultor colocou uma escada na escultura, subiu, pegou um pouquinho de pó de mármore e jogou no nariz da estátua, fingindo estar consertando. Mas não fez nada! Ao descer da escada, perguntou ao investidor: "E então, o que achou?". E ele: "Ah, agora sim. Você deu vida. Está perfeita".

Percebeu a esperteza e a sabedoria de Michelangelo? Ele poderia muito bem ter dito: "Você não entende nada de arte? Claro que o nariz está grande porque você está olhando aqui debaixo... Eu sou um artista muito renomado e sei o que estou fazendo". Seria o mesmo jogo de poder que o investidor estava fazendo. Mas ele sabia que o homem não entendia nada de arte. Assim, ganhou a discussão sem ofender o outro.

Que tal você usar esse exemplo de Michelangelo quando estiver discutindo com alguém? Use de sabedoria e não bata de frente com a pessoa. Lide com a situação de uma forma mais flexível, sem entrar em contradição, em brigas, discutindo para provar quem está certo. Deixe a pessoa pensar que está certa. Assim, você não põe negatividade no seu dia e a deixa seguir feliz, pensando que ela ganhou. Eu, sinceramente, prefiro ser feliz do que provar que estou certa.

MINUTOS DE INSPIRAÇÃO

EXERCÍCIO DO DIA

Hoje, quero que você se lembre de alguma discussão que já teve com alguém e rememore os sentimentos ruins que surgiram durante o embate. Feche os olhos e sinta como foi desagradável. Traga todas aquelas sensações negativas de volta à sua mente e ao seu coração. Agora, risque essa cena e coloque outra no lugar: você dando um rumo diferente para o desentendimento, sendo mais flexível e não tentando provar que está certo. Sinta como tudo fica melhor. Embora seja uma situação hipotética, que infelizmente não aconteceu, fazer esse exercício vai mostrar para você como é possível ser mais sábio diante de certas situações da vida. Assim, quando se vir novamente diante de um aborrecimento, saberá agir melhor.

MAY ANDRADE

DIA 63

EXPECTATIVA X REALIDADE

  Você já deve ter visto fotos do Cristo Redentor, com um céu azul lindo, em que aparece uma pessoa toda feliz tirando uma foto sozinha, com os braços abertos e tendo o monumento ao fundo. Essa é a expectativa. Mas, quando eu fui ao Rio de Janeiro pela primeira vez, cheguei ao Cristo com tudo nublado e tão cheio de gente, que mal consegui tirar uma boa foto. Essa foi a realidade.

  A expectativa é o que sempre faz nós nos decepcionarmos. Então, pare de esperar muito das coisas e das pessoas. Vou dar outro exemplo. Imagine uma rosa de plástico. Qual a minha expectativa? Que ela dure, já que não murchará. Mas se eu tenho uma rosa natural, mesmo colocando no vaso com água, sei que não viverá por muito tempo. Dessa maneira, não me apego, porque tenho noção de que chegará o momento em que ela vai murchar naturalmente.

MINUTOS DE INSPIRAÇÃO

Comece a olhar para as coisas e as pessoas entendendo que a vida é como uma rosa, como uma planta que nasce, cresce e morre. As nossas expectativas causam a nossa decepção. Quando esperamos demais de algo e não temos aquela resposta que tanto desejávamos, sofremos. Imagine esperar de uma rosa natural o que se espera de uma rosa de plástico? Ninguém faz isso, mas, com a vida, fazemos. Temos a expectativa de que tudo será eterno e perfeito. Só que as pessoas e as coisas não são capazes de suprir nossas expectativas. Essa é a grande verdade da vida. A verdade dura, nua e crua.

Por isso, espere o melhor, sim, mas não espere tanto. Não fique dependente das circunstâncias, porque pode se decepcionar se ficar desejando muito. O melhor mesmo é baixar as expectativas e, assim, o que vier vai deixar você muito mais feliz. De repente, a sua expectativa era de que a sua flor vivesse somente três dias, mas ela dura cinco. Que legal, não é mesmo? Mas se você tem uma expectativa de que a rosa natural viverá um mês, e ela murcha em cinco dias, ficará muito decepcionado. Entendeu? Então, a vida é como uma rosa, que nasce, cresce e murcha.

EXERCÍCIO DO DIA

 Pense numa situação em que teve grande expectativa a respeito de algo, mas a realidade foi bem diferente, para pior. E também quero que se lembre de um momento em que estava esperando muito pouco de uma situação, mas ela o surpreendeu positivamente. Ao refletir sobre a comparação entre essas duas situações, você vai perceber que só se decepciona quando espera demais dos outros ou das situações. É importante se manter otimista e positivo, mas também é essencial ter equilíbrio emocional na hora de criar expectativas. Quando eu me percebo com expectativas muito altas sobre algo, faço o seguinte comando mental: "Baixando, baixando, baixando expectativas e equilibrando". Agora que você já sabe como fazer, é só aplicar em sua própria vida. Assim, entende melhor a lição de hoje e aprende como agir nas situações futuras que gerem expectativa em você.

MINUTOS DE INSPIRAÇÃO

DIA 64
DIGA NÃO

Não, não, não, não! Aprenda a dizer não. Quando somos crianças, o que mais ouvimos de nossos pais é isso, não é mesmo? E aí aprendemos que "não" é ruim, que é feio receber um não e que dizer também não é legal. Mas, da primeira vez em que morei nos Estados Unidos, percebi algo muito peculiar na cultura de lá, bem diferente da nossa. Os americanos não têm meias palavras. Eles simplesmente olham para a pessoa, dizem "não" e pronto. Já o brasileiro, povo hospitaleiro e caloroso, acha que isso pode soar grosseiro, mal-educado, insensível.

Mas não é bem assim. Muitas vezes, por causa da nossa educação, dizemos "sim" quando queríamos dizer não. Só que, antes de tudo, você precisa entender que, quando diz sim no lugar do não, está dando o sim para o outro e dizendo não para você mesmo. Daí, sua alma fica assim: "Hum, não gostei". E você se sente mal. Pode até ser que você diga uma, duas, três, quatro vezes o sim que não queria, mas vai chegar o momento em que acumulará tantos "nãos" para si mesmo, que acabará explodindo. E com quem? Com a primeira pessoa mais próxima de você, como seu marido, sua esposa, seus filhos.

O mais engraçado nisso é que é muito fácil dizer não para as pessoas que mais amamos. Isso acontece porque, com elas, nos sentimos seguros, já que temos intimidade. Porém, quando é alguém fora do seu círculo íntimo, como um estranho ou um colega de trabalho, você se sente constrangido e acaba dizendo sim, quando, na verdade, a vontade era de negar o pedido.

Por isso, comece a selecionar. Diga sim apenas quando realmente quer isso. Entenda que o seu sim, em lugar do não sincero, não é benefício para nenhuma das partes. A outra pessoa vai até receber o que está pedindo, mas você não fará de coração. Ou seja, não flui para os dois lados. Aprenda a dizer não quando você quer dizer não, e a dizer sim quando você quer dizer sim. Dessa forma, viverá em congruência com a sua alma.

MINUTOS DE INSPIRAÇÃO

EXERCÍCIO DO DIA

Hoje, se alguém lhe pedir algo que você não deseja fazer, quero que experimente usar uma forma delicada para dizer não. Por exemplo, pode dizer: "Agradeço muito por ter lembrado de mim para ajudar você, mas, dessa vez, não será possível". Ou: "Olha, não é nada pessoal, mas dessa vez não posso me comprometer com o que você está pedindo". E seja firme. Se a pessoa continuar insistindo, reforce: "Sei que você queria muito que eu o ajudasse, mas não vai dar mesmo...". Porém, deixe a pessoa saber que, quem sabe em outro momento, você possa estar disponível, dizendo: "Quem sabe futuramente ou em uma hora mais adequada para mim". Tenha em mente que o exercício de hoje é para ser feito toda vez que você, realmente, quiser dizer não. Hoje e sempre, está bem?

MAY ANDRADE

DIA 65

OLHAR INTERIOR

Você já reparou na estátua de Buda? Em todas elas, ele está sempre de olhos fechados. Buda é um arquétipo de iluminação, de alguém que chegou ao nível de fusão com a Centelha Divina. Tanto é que Buda não é um nome, é um título – assim como Cristo também não é um nome. Buda significa "O Iluminado", aquele que compreendeu a verdade existencial.

Eu já vi pessoas criticando que os olhos fechados da meditação significam fugir da realidade, ir para o mundo interior e esquecer o mundo exterior, para não enfrentar os problemas do dia a dia. Mas não é isso. Essa é uma percepção muito rasa. Os olhos fechados representam o olhar interior, o olhar para si mesmo. Ainda assim, tem gente que acha que olhar para si é egoísmo: "Você não pode ficar olhando só para o seu umbigo. Tem que olhar para os outros". Só que, se você parar para pensar, tem pessoas que são experts na vida dos outros, mas não conhecem a sua própria vida.

Então, os olhos fechados de Buda simbolizam o olhar interno, para conhecer a si mesmo. Eles retratam o autoconhecimento, a busca por conhecer os seus medos, defeitos e qualidades, para você entender melhor como e quando agir de uma maneira mais sábia. Não fugir das suas imperfeições, mas enfrentá-las de frente e compreendê-las. Isso porque a única forma de superar as suas sombras é encará-las: "De onde surgiram? Por que estou assim?".

Tenha em mente que você não muda o mundo, nem as pessoas, exigindo que sejam diferentes. Você só muda o mundo modificando o seu mundo interior. E se todas as pessoas se tornarem conscientes disso, vamos encontrar uma sociedade muito melhor, de pessoas que fecham os olhos e olham para si mesmas, em vez de ficarem o tempo todo observando como o mundo pode ser melhor. A grande questão é: como eu posso melhorar, para que o mundo seja melhor por causa de mim.

MAY ANDRADE

EXERCÍCIO DO DIA

Quero convidar você para um dia de reflexão, um dia olhando para dentro de si. Quando algo fora de você não agradar, pergunte-se: "Puxa, por que isso está me incomodando?". É claro que tem situações bem fáceis de você saber o porquê, quando, por exemplo, vê alguém maltratando o outro. Mas, nesse caso, pense: "O que isso tem para me ensinar sobre mim mesmo?". Porque é simples olhar para o outro e conseguir identificar os defeitos dele. Mas aproveite essa situação para olhar para dentro de si e se perguntar: "Tem algo que eu possa aprender com essa situação? Onde, em mim, existe uma sombra parecida com essa que eu estou identificando no outro?". Faça o mesmo quando se alegrar pelo outro, quando se admirar com algo bom que alguém realize.

> **Olhe para dentro de si e veja que você também tem essa luz.**

Então, que este dia seja de autorreflexão. Não só hoje, mas sempre.

MINUTOS DE INSPIRAÇÃO

DIA 66

OS OLHOS DA ALMA

  Ainda falando sobre Buda, você já reparou que na imagem dele há um pontinho na testa, um pouco acima do meio das sobrancelhas? É o que chamamos de terceiro olho, representando o olhar espiritual aberto. Simboliza não apenas alguém que aprendeu a olhar o mundo além da matéria, mas também que consegue ver além das aparências. E você, consegue ver além das aparências?

  Quando eu comprei a minha estátua de Buda, postei no meu Instagram porque estava feliz, já que é uma verdadeira obra de arte, usada na decoração da minha casa. Mas muitas pessoas me criticaram, julgando a peça religiosamente. Elas não foram além das aparências. Não conseguiram fechar os seus olhos físicos, os olhos humanos que julgam, que condenam, que criticam, para abrir os olhos do coração, os olhos que veem além. O que Deus falou para Samuel quando foi ungir Davi? O homem olha para a aparência, mas Deus olha para o coração.

Em tudo existe algo bom para aprendermos. Se você olha para uma pessoa e logo julga a sua roupa, está olhando com seus olhos físicos. Feche-os e abra o seu terceiro olho. Abra os olhos da alma e enxergue a Centelha da pessoa. Todo mundo tem Centelha Divina, todo mundo tem essência, todo mundo tem luz dentro de si. Então, se você conseguir ultrapassar essa barreira do físico, do julgamento, e abrir os olhos do coração, vai conseguir encontrar muita coisa maravilhosa. Quando abre os olhos do coração, enxerga a beleza que está presente em tudo, porque tudo é o Todo em diferentes formas e expressões.

EXERCÍCIO DO DIA

Hoje, quero que você procure um vídeo no YouTube de alguém que, a princípio, não goste da aparência, da roupa ou da voz. Assista tudinho de mente e coração abertos, sem julgar, e apenas depois tire uma conclusão. Perceba o que aprendeu com essa pessoa e como se sentiu. Só depois desse exercício decida se você se identifica ou não com ela. E, ainda assim, reconheça que pode aprender algo com todo mundo, porque a sabedoria está em tudo.

MINUTOS DE INSPIRAÇÃO

DIA 67

OS OUVIDOS DA ALMA

    A imagem de Buda nos traz mais um símbolo importante: as orelhas grandes. Elas representam os ouvidos sempre a escutar, mais do que falar. A boca fechada, os olhos fechados e os ouvidos grandes abertos, indicando o seu poder de ouvinte, capaz de compreender o outro. A sabedoria mora em ouvir mais e falar menos. Isso até as nossas avós já diziam, não é mesmo?

    Quando uma pessoa estiver conversando com você, se interesse verdadeiramente pelo que ela está falando. Olhe nos olhos dela e demonstre que os seus ouvidos estão abertos e que você realmente a escuta. Será que você já faz isso? Caso sim, pratique a atenção plena de ouvir as coisas a sua volta. Quando estiver no ônibus, no carro, no seu caminho para o trabalho, observe os sons do trânsito, das buzinas, do carro e até mesmo de algum passarinho cantando, mesmo em meio a tanto barulho.

Isso é estado de presença pelo sentido da audição. Então, abra os seus ouvidos, feche mais a sua boca, e tenho certeza de que isso vai lhe trazer um grande refrigério. É como diz um ditado chinês: "Até o tolo, quando se cala, é tido por sábio". Mas eu sei que você é sábio e não um tolo, senão não estaria lendo este livro para ter uma vida mais positiva, dia após dia.

EXERCÍCIO DO DIA

Sua tarefa de hoje é ouvir mais e falar menos. De repente, você pode até fazer um voto de silêncio. Se é uma pessoa bem tagarela, será um desafio bem complicado. Mas se for bem tímida, que fala pouco, vai tirar de letra. Mas lembre-se: não é só deixar de falar muito, é também ouvir mais. Não é só ficar calado e se manter no mundo da lua. Isso não é saber ouvir. Ser um ouvinte é fechar a boca e abrir os ouvidos e a mente.

MINUTOS DE INSPIRAÇÃO

DIA 68

SIM SENHOR

Alguns anos atrás, assisti ao filme *Sim Senhor*, com Jim Carrey. Nele, o ator vive um homem ranzinza que diz não para tudo. Para todos os convites que aparecem, ele põe dificuldade e nunca está a fim de fazer nada. Com isso, a mulher dele pede a separação e ele passa a levar uma vida monótona e infeliz. Até que, um dia, ele vai a uma palestra motivacional e o palestrante diz a ele: "De agora em diante, você não pode dizer não para nada; terá que dizer sim para todos os convites". Pensando que foi enfeitiçado, o personagem passa a dizer sim para tantas oportunidades e começam a acontecer muitas mudanças: ele aprende outras habilidades, como tocar violão e pilotar avião, faz viagens, se torna uma pessoa mais feliz e acaba conhecendo o amor da vida dele.

E você? Já parou para pensar em quantos "nãos" dá para as oportunidades que aparecem em sua vida? Pode ser que fique inventando desculpas: "Ah, estou cansado, estou com preguiça". Mas, antes de dizer não, pense honestamente em qual é o motivo por trás dessa recusa. Entenda que você pode estar se negando a participar de oportunidades muito boas que aparecem. Por isso, comece a dizer mais sim. Vá naquela festa em que você não conhece ninguém. Quem sabe não encontra alguém muito especial lá? Permita-se fazer algo que nunca realizou antes. Pode ser que essa novidade tenha aparecido justamente para deixar a sua vida mais diferente e feliz, assim como no filme com Jim Carrey.

EXERCÍCIO DO DIA

Hoje, quero que você assista ao filme *Sim Senhor*. Ele está disponível em plataformas de streaming e até mesmo no YouTube. Caso já tenha assistido, quero que veja novamente, agora com um outro olhar, após ter lido a inspiração deste dia. Este exercício é para estimular você a dizer mais sim para as oportunidades que surgem em sua vida, abrindo-se para viver novas experiências, como o personagem do filme. Além de dar boas risadas com o Jim Carrey, tenho certeza de que tomará uma injeção de ânimo.

MINUTOS DE INSPIRAÇÃO

DIA 69

ANDAR NA NATUREZA

Eu já morei em diversos lugares. E, em todos eles, sempre busquei formas para estar perto da natureza. Em Brasília, por exemplo, ia para o lago Paranoá e ficava observando a beleza de suas águas. Mesmo nas cidades mais urbanas em que já vivi, eu me sentava num banco de rua e procurava, com os meus ouvidos, encontrar o canto dos pássaros.

A natureza, como diz no livro *O Caibalion*, representa a energia feminina da Fonte Criadora. É uma energia que nos acolhe. Com ela, nos sentimos de volta para casa. Até as pessoas que dizem não gostar de mato ou de insetos se sentem bem quando estão no seio da natureza. É muito bom! Uma cachoeira, uma praia, uma floresta, um sítio distante... Nesses lugares, você experimenta o abraço de Deus.

Até mesmo ter uma plantinha na sua casa já faz a diferença. Quando eu estava reformando o meu escritório, comprei uma pequena palmeira e coloquei lá. Dei a ela o nome de Gaia e sempre chego perto dela para sentir o seu aroma e conversar. E eu sei que, ao fazer isso, estou falando com a energia da Fonte Criadora na natureza.

Então, procure entrar em contato com a natureza sempre que puder. Eu não sei onde você mora, mas, se for em local próximo de algum ambiente natural, aproveite esse privilégio. Vá andar descalço na grama, pise na areia, abrace uma árvore, cheire uma flor, observe os pássaros. Isso é terapêutico, é maravilhoso!

EXERCÍCIO DO DIA

Quero lhe fazer uma proposta: vá andar na natureza hoje. Pise na grama! Mesmo que você more em São Paulo, que é o local mais urbano do Brasil, tem muitos parques à disposição. Vale também andar na areia, se mora num local com praia. Caso tenha rio ou cachoeira perto de você, molhe os pés na água fria e revigorante. Se, ainda assim, for impossível fazer isso hoje, vá a uma loja de plantas e compre alguma para ter bem perto de você. Sinta, assim, a força da Fonte Criadora ao seu lado.

MINUTOS DE INSPIRAÇÃO

DIA 70

OUÇA SEU CORPO

Quando eu li o livro *Fama, Fortuna e Ambição*, do Osho, aprendi que precisamos escutar o nosso corpo. Ele explica que, para isso, devemos entender a diferença entre desejo e necessidade. O corpo entende a linguagem da necessidade; já a mente, a linguagem do desejo. Assim, sempre que a mente desejar algo, pergunte primeiro ao corpo. Osho diz: "Sempre faça do corpo o critério. Quando a mente quer algo, pergunte ao corpo: 'o que você acha disso?'".

Por exemplo, imagine que você está comendo algo muito gostoso, muito saboroso. Até que chega um momento em que o corpo grita: "Chega, eu não quero mais! Já estou satisfeito". Mas a mente fala: "Está gostoso, coma mais". E as necessidades do corpo vão sendo suprimidas, e você começa a maltratá-lo pelo excesso.

Então, comece a ouvir o seu corpo. Você já parou para pensar dessa forma? Confesso que isso nunca tinha passado pela minha cabeça até eu ler esse livro. Precisamos prestar mais atenção às necessidades do nosso organismo. Como já falei para você na inspiração do Dia 59, nossas células são inteligentes e têm consciência. Se não lembra dessa lição, volte lá e releia.

Muitas pessoas falam sobre emagrecimento e vida saudável, mas, quando a mente e o corpo não estão em congruência, fica muito difícil atingir esses objetivos. O corpo vai falar, mas a mente é mais forte do que ele. Isso é uma verdade: a mente é soberana ao corpo. Como a minha mãe já dizia: "Quando a cabeça não pensa, o corpo padece". Ou seja, tomamos atitudes que vão maltratar o nosso corpo e nem percebemos. E a mente não vai pagar pelo que o organismo sofrerá. Por isso, ouça o seu corpo, para fazer bem a ele.

EXERCÍCIO DO DIA

No dia de hoje, quero que você escute o seu corpo. Quando for comer, mesmo que esteja muito gostoso, pergunte para ele: "Você já está satisfeito?". Obedeça ao que lhe responder. Por mais que a sua mente diga "coma mais", deixe o corpo decidir, porque ele sabe o que é melhor. Tente entrar nesse equilíbrio entre corpo e mente, para que ambos fiquem plenos de saúde.

MINUTOS DE INSPIRAÇÃO

DIA 71

O MEDO

O medo está presente em nossa vida desde o início da civilização. E já foi realmente muito útil para estabelecer limites para uma convivência mais pacífica entre as pessoas, ajudando a evitar que se matassem, se agredissem, se desrespeitassem. Então, foi necessário numa época da humanidade. Mas o medo se tornou um monstro descontrolável e hoje está presente nas menores coisas de nossa vida.

Por exemplo, tem mulher que não usa batom vermelho: "Acho que pensarão mal de mim, eu não vou me sentir bem". É um medo ou não é? Sim. Temos medo do que vão pensar de nós, de perder o emprego e não conseguir outro, de desagradar o chefe, de não ser capaz, de ficar pobre e não ter como sustentar a família, da violência, de perder o grande amor. O medo está em toda parte.

O medo está também na religião. Acho que todas elas têm uma pitadinha desse sentimento, não é mesmo? Medo do carma, do inferno, de ficar longe de Deus ou de qualquer outra coisa que é criada. E por causa de tanto temor nos privamos e nos transformamos em quem nem somos. Deixamos o medo ditar as regras da nossa vida.

Você já parou para pensar em quantas coisas deixou de fazer pelo simples fato de estar apavorado? Mas compreenda: o medo nada mais é do que o pensamento de que algo vai acontecer – algo que nem aconteceu e que talvez nunca aconteça. Os medos existem apenas na nossa mente. É lá que eles realmente vivem.

EXERCÍCIO DO DIA

Separe um momento do seu dia e anote nas linhas a seguir: "O que eu faria se não tivesse medo?". Ao terminar de fazer essa lista, olhe para ela e veja quanta coisa deixou de fazer por sentir medo. Reflita, então, sobre o quanto esse sentimento está limitando você. E, para enfrentá-lo, escolha um dos itens da lista, tire o temor da sua mente e coloque-o em prática.

_____
_____
_____
_____

MINUTOS DE INSPIRAÇÃO

DIA 72

PENSAMENTO DE ESCASSEZ

    Hoje, quero falar de um outro tipo de medo, muito específico: o pensamento de escassez. Sabe quando você percebe que o seu celular está com pouca bateria e liga o modo econômico, e ele automaticamente age para poupar energia? É nesse "modo economia" que colocamos o nosso subconsciente quando alimentamos pensamentos de escassez. E eles estão presentes em várias áreas da nossa vida. Até mesmo na hora em que vamos nos maquiar.

    Isso aconteceu comigo. Antigamente, quando eu ia passar maquiagem, colocava bem pouca base e ia espalhando, espalhando, para fazer render e durar muito tempo. Até que, uma vez, fui assistir a esses vídeos de blogueiras maquiadoras e me espantei: "Nossa, mas olha o tanto de base que essa menina coloca no rosto. Meu Deus, eu só uso um pouquinho para não acabar". Foi então que percebi que tinha algo errado nessa história. Assim, uma vez, tomei coragem e disse para mim mesma: "Agora vou passar direito, sem medo de escassez".

É assim que funciona: a escassez fica ali operando no seu sistema, fazendo você economizar ao máximo, porque nos ensinaram que tudo acabará. Não é que possamos usar os recursos da natureza desenfreadamente, sem pensar nas consequências. Mas precisamos ter cuidado com o sentimento que nutrimos: "Ai, meu Deus, vai acabar tudo". Cuide bem de seus pensamentos e não deixe que a escassez decida por você.

A escassez está nos pequenos detalhes. Tem gente que passa aquele pouquinho de manteiga no pão só para economizar. Existe ou não existe quem pensa dessa maneira? Sim, porque eu mesma já fiz isso. Também tem quem só saia para jantar fora a cada seis meses. Ou que só faça uma pequena viagem uma vez por ano. Tudo isso pelo medo de faltar dinheiro. Então, fique muito atento para não agir no *modus operandi* da escassez. É preciso viver como se não houvesse amanhã, no sentido de que você tem que estar no momento presente. Às vezes, guardamos roupas e louças esperando a ocasião certa para usá-las, e pode ser que esse dia nunca chegue. Aí, quando você vai usar, a traça já roeu a roupa, o sapato ficou ressecado no armário e os pratos trincaram. Por isso, use tudo o que puder hoje!

MINUTOS DE INSPIRAÇÃO

EXERCÍCIO DO DIA

Quero que você gaste o seu dinheiro! Hoje, sem qualquer medo da escassez, permita-se ir a um restaurante no qual nunca foi por medo de ser muito caro. Não precisa ser um cinco estrelas, mas, pelo menos, que seja um que você acredite ser elegante e que não tinha coragem de ir por achar o valor mais alto do que costuma pagar. Vai ser um presente que se dará. Não pense em desperdício: "Ah, gastar dinheiro com comida? Se ainda fosse algo durável...". A ideia é justamente essa. Abra a sua carteira para viver um prazer gastronômico. Você merece! E pode acreditar: depois dessa experiência, o dinheiro não irá lhe faltar. Muito pelo contrário.

MAY ANDRADE

DIA 73

VOZES EXTERNAS

Steve Jobs disse: "Não deixe o barulho da opinião dos outros abafar sua voz interior. E mais importante, tenha coragem de seguir o seu coração e a sua intuição. Eles, de alguma forma, já sabem o que você realmente quer se tornar. Tudo o mais é secundário". Eu acho essa frase muito interessante, porque Jobs era muito intuitivo. Ele ouvia a voz interior. Só que existem várias vozes, e eu quero falar aqui de três delas que você vai precisar conviver.

Tem a voz da sua Centelha Divina, que é a voz da intuição. É aquela mensagem que vem como um pressentimento, e sai lá do fundo do coração para falar com você. E, quando a escuta, você sabe que é uma voz boa. Porém, com muitas pessoas acontece o seguinte: "Poxa, eu não segui a minha intuição e, olha, me dei mal".

Existe também uma voz que fala muito mais alto do que essa voz da nossa Centelha. Ela grita na nossa cabeça! É a voz do ego, da mente humana que não aceita que há um Eu Superior ou algo além da matéria. Ela vem para criticar, trazer baixa autoestima, causar medo e estimular a escassez. É a voz que diz: "Você não vai conseguir".

E a terceira voz é a que Steve Jobs fala: a das pessoas fora de você. Ela sai da boca dos amigos, da família, dos outros em geral. É imensamente mais alta do que a voz da sua Centelha Divina. Assim, além de você ter que lidar com os seus conflitos internos, também precisa aguentar a opinião do parente, do amigo, de todo mundo.

Olha só quantas vozes você deve superar para ouvir a sua Centelha! Essa voz interior é a melhor que tem, mas, ao mesmo tempo, é a que fala mais baixinho. Ainda assim, procure sempre escutá-la.

EXERCÍCIO DO DIA

No dia de hoje, quero que você perceba se está ouvindo mais a voz interior ou a dos seus amigos, parentes ou pessoas à sua volta. Para saber isso, responda à seguinte pergunta: "Você vai fazer (ou está fazendo) algo porque alguém está lhe dizendo ou porque realmente quer?". Muitas vezes, falamos sim para o outro quando, por dentro, queríamos dizer não. Então, sempre se questione para não ficar apenas aceitando tudo o que falam para você fazer, a não ser que sinta que aquilo entrou em congruência com algo no seu interior – não com a voz do ego, que tem medo, julga e condena, mas com a voz, realmente, do seu Eu interior, que olha além da matéria.

MINUTOS DE INSPIRAÇÃO

DIA 74

PEÇA ENTENDIMENTO

Tem uma frase em *O Livro de Mirdad* de que gosto muito: "Se fores orar, orai antes de tudo pedindo entendimento". Você, quando reza, certamente roga muita coisa a Deus. Mas já pediu o entendimento? É muito importante solicitar isso, já que, com ele, vem tudo junto. Afinal, sofremos porque nos falta conhecimento – ou entendimento. E essa é outra frase que está na Bíblia: "O meu povo perece porque lhe falta conhecimento ou entendimento".

Quantas vezes você já falou: "Ah, se eu soubesse disso, não teria feito esse negócio. Se eu tivesse outra cabeça, não teria entrado nessa furada". Acontece ou não? Então, nas suas orações diárias, inclua: "Me dê entendimento!". Mas, ainda que o entendimento não chegue imediatamente, aceite tudo o que vier. Lembre-se do mantra:

"Eu aceito, eu entrego, eu confio, eu agradeço". Assim, quando você soltar e aceitar, o entendimento acontecerá.

Porém, não tente forçar a barra para saber logo o porquê das coisas. Apenas solte e acredite que o entendimento virá no tempo certo, quando a sua consciência estiver preparada para compreender. Tenho certeza de que, se você fizer desse pedido o teor principal das suas orações, vai ter uma vida muito mais leve, muito mais cheia de sabedoria e com muito menos sofrimento.

EXERCÍCIO DO DIA

Separe um momento do seu dia e peça por entendimento. Fale para o Deus em você – a sua Centelha Divina, o seu Eu Superior, a Divindade interior – a seguinte frase: "Me dê entendimento das coisas que eu não compreendo, me traga entendimento até das coisas que eu acho que compreendo". Às vezes, achamos que sabemos. Mas devemos sempre agir igual ao filósofo grego Sócrates: "Só sei que nada sei".

MINUTOS DE INSPIRAÇÃO

DIA 75

MOEDA CORRENTE

Você já ouviu falar que o dinheiro é uma moeda corrente? Isso significa que ele tem que correr, tem que seguir um fluxo. No livro *As Sete Leis Espirituais do Sucesso*, de Deepak Chopra, ele fala que uma das leis que rege a prosperidade diz que o dinheiro não pode ficar parado. Na verdade, isso já foi tratado há muito mais tempo, no livro *O Caibalion*, na Lei da Vibração: nada no Universo está parado, tudo vibra, tudo se move.

Um dos nossos grandes erros a respeito do dinheiro é desrespeitar a lei do fluxo, tentando apenas guardar e acumular. Você já deve ter ouvido histórias de pessoas que enchiam o colchão de dinheiro e a casa pegou fogo. E, historicamente, quando a moeda brasileira mudou para o real, muita gente que acumulava dinheiro em casa dentro de potes, travesseiros e cofres perdeu tudo. É muito sério não obedecer a regra do gastar! O gastar, na verdade, é deixar o dinheiro ir, entendendo que existe um fluxo que leva, mas traz de volta.

Você já parou para pensar se obedece a essa lei? "Ah, mas eu gasto todo dia... Tenho que pagar contas, tenho que comprar comida..." Sim, eu sei que você gasta. Mas está fazendo isso de coração ou obrigado? Se responder "ah, eu não queria, mas tenho que pagar", é porque não está no fluxo. Está pagando com medo de não voltar. Lembre-se de que o dinheiro é uma moeda corrente. Quando você pega R$ 2 para comprar um pão, aquela nota vai correr, vai andar, vai beneficiar a sociedade e depois volta para você.

Se começar a ver tudo como energia, entenderá que o dinheiro também é. Eu dou energia e recebo energia, por exemplo, em formato de alimento. E esse alimento leva nutrientes ao meu corpo e depois tudo é expelido. A energia do fluxo é assim: nada fica parado. Então, você tem que receber e passar adiante. Quando comecei a pensar assim, fui a uma cafeteria e disse: "Hum, quanta energia que eu posso consumir? Quero esse pão de queijo...". Dessa maneira, peguei a energia do meu dinheiro e troquei pela energia do pão de queijo.

O dinheiro é moeda corrente, não é moeda para ficar guardada. Porém, isso não significa que você não possa guardar, só que precisa ter um propósito: "Eu vou juntar dinheiro para comprar um carro". Não faça isso porque tem medo de que falte, entendeu? Geralmente as pessoas poupam por um tempo para poder investir em alguma coisa – um negócio próprio, em ações, na casa nova, no celular novo. Nesse caso, até o ato de guardar já é pensando em fazer esse fluxo acontecer.

EXERCÍCIO DO DIA

Hoje, quero que você olhe para o seu dinheiro de outra forma. Pense nele como uma energia que precisa correr, circular. Não tenha pena de gastá-lo. Ao contrário, lembre-se de que está fazendo trocas energéticas. Ao abastecer seu carro, por exemplo, nada de ficar reclamando do quanto a gasolina está cara. Apenas visualize que está entregando ao frentista uma energia e está recebendo de volta a energia que permitirá ao seu veículo levar você a diversos lugares. Faça o mesmo com tudo o que gastar neste dia. Conscientize-se de que, no fluxo do Universo, nada está parado. Tudo vibra, inclusive o dinheiro, e o que gasta hoje voltará para você amanhã.

MAY ANDRADE

DIA 76

AS PALAVRAS PODEROSAS

Numa viagem que fiz a Salvador, bati os olhos numa plaquinha que estava à venda e disse: "Tenho que comprá-la". Ela trazia quatro palavras que são extremamente poderosas: "Entrego, confio, aceito e agradeço". Ditas juntas, elas expressam o poder do soltar! Vamos, aqui, entender uma a uma.

Por que eu entrego? Porque sei que existe uma força maior do que eu, acima da minha compreensão, que está cuidando de tudo. Ninguém é órfão no Universo. Por isso, entrego o meu problema nas mãos de Deus, da Fonte Criadora, da minha Centelha Divina.

Por que confio? Porque acredito que essa Fonte tem mais poder do que eu. Ela é puro amor e quer o meu melhor e o melhor da humanidade. Portanto, é confiável.

Eu confio em colocar o meu problema em mãos mais capazes de fazer algo a meu favor, o mais justo que deva acontecer.

Por que *aceito*? Porque, ainda que eu não entenda o motivo do que está acontecendo comigo, acredito que veio para me ensinar algo. Então, simplesmente aceito e acolho a decisão que o Universo tomar.

E por que *agradeço*? Porque, com certeza, eu estou sendo cuidado por alguém em quem confio, e sei que vou sair bem dessa situação, já que aprenderei alguma lição com ela. Ao agradecer, tenho a certeza de que, aconteça o que acontecer, vai ser o melhor, já que foi decidido pelo Universo. A gratidão sela, com chave de ouro, esse mantra tão poderoso.

Então, sempre que estiver enfrentando uma situação desagradável, desafiadora, negativa, fale: "Entrego, confio, aceito e agradeço". Tenho certeza de que vai lhe trazer um alívio instantâneo e fará com que o seu coração se encha de paz. E, se puder comprar uma plaquinha com essas palavras, como eu fiz, deixe-a num local estratégico em sua casa. Você também pode escrever num papel e manter sempre à vista na sua carteira ou colocar no espelho do seu banheiro. É algo mágico, maravilhoso, que tem, realmente, um poder terapêutico.

MAY ANDRADE

EXERCÍCIO DO DIA

Quando você estiver com algum problema incomodando muito você, faça o seguinte exercício: pegue uma folha de papel e escreva, com detalhes, o que está o angustiando. Dobre essa folha duas vezes, até ela se tornar um quadrado ou retângulo menor, deixando o que você escreveu na parte de dentro. Escreva por cima: "Entrego, confio, aceito e agradeço". Repita em voz alta essa frase por algumas vezes, realmente confiante de que o Universo irá agir a seu favor. Em seguida, queime o papel repetindo mentalmente o mantra. Durante o seu dia, sempre que vier a preocupação com essa questão, repita o mantra em sua mente e diga que já entregou. Aguarde, porque a melhor solução chegará até você de forma surpreendente.

MINUTOS DE INSPIRAÇÃO

DIA 77

AME PRIMEIRO A SI

A seguinte frase, de autoria desconhecida, carrega uma verdade profunda: "Ame primeiro a si e só então será capaz de amar o outro". Isso quer dizer que nós devemos nos amar em primeiro lugar. Mas essa ideia parece tão contrária àquilo que ouvimos tanto, sobre colocar o próximo sempre em primeiro lugar, deixando a nós em último plano... Essa frase, portanto, transmitirá uma ideia de egoísmo?

A verdade é que existe uma linha tênue entre o egoísmo e a negligência consigo mesmo. Por isso, é importantíssimo que você entenda que, para conseguir amar o próximo, precisa ter algo para dar. E esse "algo" é o amor-próprio. Se você não tem amor primeiramente por você, como vai dar o que não tem nem por si mesmo? Coloque, então, o seu bem-estar em primeiro lugar. Quando você se ama e se aceita verdadeiramente, a sua reação natural é dar amor e aceitação ao próximo. E o que acontece com quem é conhecido como egoísta? Na verdade, isso esconde uma pessoa insegura e que não se ama. Para compensar essa falta de amor-próprio, ela parece agir com egoísmo.

Mas como garantir a intensidade e a veracidade desse amor por si próprio? Isso só depende de você. Comece a se tratar bem. Todos os dias, faça algo de que gosta, para o seu próprio benefício, colocando-se em primeiro lugar. Diga: "Esse é o meu momento". Uma vez por semana, por exemplo, tire aquele seu dia de beleza, de spa... Ou vá andar na natureza sozinho. É o seu momento, o seu investimento. As pessoas investem em tantas coisas, menos nelas próprias. Então, a primeira boa ação que você pode fazer é por si mesmo. Só assim será capaz de amar e ajudar o próximo, porque só damos aquilo que temos dentro de nós.

EXERCÍCIO DO DIA

Hoje, quero que você aplique a técnica da "oração para a vida", que eu aprendi com a autora norte-americana Byron Katie. Toda vez que se perceber buscando aprovação, amor e atenção de outras pessoas, faça a seguinte prece: "Deus, por favor, me guarde de buscar por amor e aprovação fora de mim. Amém!". Perceba como essas palavras despertam você da ilusão de buscar por amor fora de si, fazendo com que reconheça que já há dentro de você todo o amor de que precisa. Faça essa oração hoje e sempre!

MINUTOS DE INSPIRAÇÃO

DIA 78

IDENTIFICANDO O EGO

O ego é um inimigo poderoso. Na verdade, é o único que temos. Os outros inimigos são imaginários: apenas ideias e conceitos abstratos. A verdadeira ameaça está dentro de nós. O ego representa uma das barreiras para conseguirmos nos amar e nos aceitar de verdade. Ele atua no silêncio da nossa mente. Enquanto ninguém está ali conosco, o ego fica falando o tempo todo. E, para vencer isso, ninguém pode fazer algo a seu favor, a não ser você mesmo.

Então, para você desenvolver o verdadeiro amor-próprio e levar uma vida muito mais positiva e inspirada, o desafio é calar o ego. Você precisa ouvir a voz da sua Centelha Divina, a voz da sua intuição. E, assim, vai conseguir conquistar não só o amor-próprio, como também o verdadeiro amor ao próximo que flui do legítimo amor por si mesmo.

Mas como você pode derrotar o seu ego? Em primeiro lugar, não precisa se esforçar tanto para acabar com ele. Naturalmente, como uma folha seca, o ego vai desaparecendo quanto mais você aumenta o seu desenvolvimento pessoal. E como saber quando é o ego? Simples: sempre que você tem um julgamento negativo a respeito de alguém, sempre que fica com sentimentos nocivos dentro de você. Nesse caso, com certeza, não é a sua Centelha Divina quem está falando. Mas não fique frustrado com isso. Apenas identifique que é o ego e observe-se de fora, como se você fosse um eu separado desse eu egoico. E diga: "Eu não sou o meu ego".

Em várias culturas, o ego foi identificado como inimigo da nossa alma e até mesmo como "o diabo falando na cabeça". O fato é que todo mundo tem essa vozinha negativa dentro de si. O ego é a identificação do seu eu não físico apenas com o seu eu físico, quando a consciência do ser humano se identifica somente com a matéria. Mas é preciso olhar mais para dentro de si e para o mundo não físico, que é de onde tudo provém, onde há abundância, amor, alegria, paz. Transcenda a matéria. Quando estamos muito focados na matéria, muito identificados apenas com o nosso eu físico, o ego fica forte em nós. E isso causa dor e sofrimento em nossas vidas. Porém, quando começamos a olhar para as coisas que transcendem, o ego vai perdendo a força.

MINUTOS DE INSPIRAÇÃO

EXERCÍCIO DO DIA

Hoje, se mantenha em estado de atenção plena e presença o máximo de tempo que conseguir, pois só assim será capaz de identificar quando o seu ego está agindo em seu lugar. Também observe seus sentimentos, seus pensamentos e sua atividade mental em relação ao cenário externo. Afinal, é dentro de nossa mente que o ego se esconde. Toda vez que for emitir uma opinião ou pensar algo a respeito de uma situação ou de alguém, verifique se é você mesmo que está deduzindo isso ou se é o seu ego. Caso esteja se deixando levar por um raciocínio egoico, torne-se ciente disso e escolha, por vontade própria, não compactuar com essa atitude, dizendo: "Esse é apenas o meu ego tentando agir por mim, mas eu escolho me manter consciente". Então, procure expulsar isso de sua mente, respirar fundo e se conectar à sua Centelha Divina.

MAY ANDRADE

DIA 79

HONRANDO A GRATIDÃO

Você conhece a técnica do pote da gratidão? Diariamente, todo mundo da família deve escrever num papelzinho um motivo pelo qual foi grato, dobrá-lo e colocar dentro de um pote. No final do ano, todos abrem juntos para lembrar o tanto de situações que os fizeram sentir gratidão. Eu sei que a vida é corrida e nem sempre dá para escrever todos os dias. Eu mesma sou uma prova disso... Mesmo assim, a gratidão deve fazer parte do seu cotidiano.

Quando eu comecei a fazer o pote, realmente foi muito bom porque gerou um costume de agradecer por algo no dia a dia. Não só em mim, como em toda a família. Certa vez, meu filho chegou da escola todo feliz e orgulhoso de si mesmo. Ele correu, pegou o pote e disse: "Mãe, escreve no pote da gratidão que o Max conseguiu ganhar uma medalha". E eu fiquei tão contente porque vi, naquele momento, que o agradecimento já fazia parte de nossas vidas.

Deixamos o pote na sala de nossa casa. Quando as visitas chegam, sempre perguntam: "Que pote é esse com todos esses papeizinhos?". Quando explicamos do que se trata, elas ficam maravilhadas. Percebem que a gratidão tem um lugar de honra no nosso lar. Pouca gente dá valor à gratidão. Mas ela é tão poderosa porque atrai, para as nossas vidas, muito mais situações pelas quais vamos nos sentir agradecidos.

EXERCÍCIO DO DIA

Quero convidar você a produzir, hoje, algo que vá representar a gratidão. Pode ser um pote como o que eu faço com a minha família ou pode ser, simplesmente, um quadrinho escrito "Gratidão". Use a criatividade. O importante é que seja um objeto para o qual você olhe e saiba que tem muitos motivos para agradecer. Assim,

a energia da gratidão vai fluir muito melhor no seu lar.

MAY ANDRADE

DIA 80

PORTA-RETRATO

Muitos anos atrás, eu estava assistindo ao programa *Mais Você*, da Ana Maria Braga, e ela dedicou uma semana inteira a Las Vegas. Aquelas luzes, aqueles prédios, tudo me encantou. Mas, na época, pensei que aquilo era um sonho muito impossível para mim. Mesmo assim, eu me visualizava lá e dizia: "Nossa, eu nessa cidade...".

Anos depois, quando fui morar nos Estados Unidos com a minha família, desembarcamos justamente em Las Vegas. No dia seguinte, passeamos pela cidade e, entre as várias fotos que tiramos, uma delas está em um porta-retrato na minha casa. Sempre que eu olho para ele, lembro não apenas de que foi um momento muito especial, mas, acima de tudo, que foi a realização de um sonho.

Então, ter porta-retratos com fotos de acontecimentos felizes é outra técnica poderosa para trabalhar a gratidão. Fotografias contam histórias. Nelas, estão pessoas queridas e amadas, trazendo à memória situações que foram muito importantes em nossa vida. Coloque esses momentos num lugar de honra na sua casa. Toda vez que você passar por aquele porta-retrato, vai lembrar das histórias e aventuras maravilhosas que viveu.

Mas essa lembrança não é para fugir do presente, pelo contrário. O passado feliz trará uma boa memória, produzindo em você o sentimento de alegria, satisfação e gratidão. Assim, aquilo que você viveu vai se reavivar. E como o seu subconsciente não entende se o que você está sentindo é do passado ou do presente, ele simplesmente assimilará que você está feliz, abrindo possibilidades para mais momentos de felicidade.

EXERCÍCIO DO DIA

Convido você, hoje, a comprar um porta-retrato e imprimir uma foto de um momento bem alegre que já viveu. Por exemplo, uma viagem inesquecível, sua formatura, seu casamento, o nascimento de seu filho... Coloque em um local bem visível na sua casa. Ou, então, faça um mural com fotos bem felizes de você, sua família e seus amigos.

MAY ANDRADE

DIA 81

A MANDALA

    Você já parou para observar as mandalas? Se prestar atenção, elas começam sempre iguais no meio e vão mudando de forma à medida que os círculos vão se expandindo. E isso nos traz um significado. O centro da mandala representa o Todo, a Fonte Criadora que originou tudo. O nosso estado natural de ser é estar perto da Fonte, onde tudo é homogêneo. Mas, conforme vamos nos distanciando do meio, vão surgindo contrastes e formas diferentes e coloridas. Nós seríamos todos os outros círculos da mandala: ainda que diferentes, nascemos de um mesmo círculo, o do meio, que é o Todo.

    Imagine que assim somos nós, são os países, são as culturas... Todo mundo faz parte da grande mandala que é a nossa realidade, que vem da Fonte Criadora. Então, cada pessoa que você vê – que pensa e se veste diferente e tem aparência distinta da sua – é um contraste, é uma parte colorida dessa mandala que forma tudo o que existe. Mas, quando nos voltamos para o centro, vemos que, na verdade, temos a mesma origem e somos todos iguais.

    Você pode dizer: "Quero que desapareça a cor azul dessa mandala". Outra pessoa pode reclamar: "Não, eu não gosto de vermelho. Tire essa cor". E ainda vem uma terceira: "Ah, a cor verde é que não está legal". Mas se nós retirarmos todas essas tonalidades e diferenças da mandala, ela não vai mais ser uma mandala. Por isso, temos que aceitar o outro como ele é. Mesmo que a pessoa seja diferente e talvez não ressoe com você, ela também é um elemento desse Todo que forma a nossa realidade. Apenas entenda que todos que estão neste mundo fazem parte do colorido da mandala que é a vida – a vida criada pela Fonte Criadora, que é o Todo.

MAY ANDRADE

EXERCÍCIO DO DIA

Na internet, entre num site de buscas e escreva: mandalas para colorir. Escolha uma delas e imprima. Hoje, o seu exercício será pintar uma mandala, com capricho e muito amor. Além de ser terapêutico, acalmando o estresse do dia a dia, quero que você encare como uma atividade para se conectar com o Todo (o centro da mandala) e sua criação (as outras partes). Perceba como há perfeição e equilíbrio em tudo. Se preferir, pode comprar um livro de colorir com o tema "mandalas", em que haverá vários modelos para pintar sempre que desejar. Mas o primeiro tem que ser hoje, está bem? Para absorver bem a lição do dia!

MINUTOS DE INSPIRAÇÃO

DIA 82

A CASA DO DINHEIRO

Pegue agora a sua carteira, na qual você guarda seu dinheiro e seus cartões. Em que estado ela está? Toda rasgada, desbotada, descascando? Ou você põe tudo numa sacolinha? Preste muita atenção ao local em que você deposita a energia do seu dinheiro. Muita gente não sabe, mas isso é muito importante.

A sua carteira deve emanar uma aparência de prosperidade. Se você não tiver prosperidade nem sequer no acessório em que guarda cédulas, cartões e moedas, como o dinheiro vai entender que essa energia é boa para você e que ela tem um lugar de honra na sua vida? Antes de perceber essa verdade, eu tinha uma carteira que não estava nada bonita. E isso me incomodou. Daí, decidi comprar um porta-cédulas lindo, de uma marca que considero que transmite uma sensação de prosperidade.

Depois, fui pesquisar a respeito e descobri que, realmente, essa é uma atitude fundamental em relação à energia do dinheiro. Quando você vai pagar a conta numa loja e tira do bolso ou da bolsa uma carteira em ótimo estado, já transmite a sensação de que é uma pessoa próspera. Mas lembre-se de que a prosperidade não está somente nos números de sua conta bancária. Ela se encontra em todo lugar e se manifesta de várias formas. Porém, deve se manifestar também na sua carteira. Antes, eu ficava até com um pouco de vergonha de tirar a minha da bolsa. Agora, não, porque ela passa uma sensação de poder e abundância. Hoje, é um lugar digno para o meu dinheiro.

Outro detalhe que você precisa observar: como sua carteira está por dentro? Afinal, costumamos ir colocando vários papeizinhos nela. Está certo que muitos deles são comprovantes das compras feitas e servem para organizarmos as finanças. Mas, de tempos em tempos, jogue esses papéis velhos fora, porque, às vezes, eles ficam um bom tempo na carteira e você nem dá atenção. Tenha em mente que a sua carteira é onde o seu dinheiro está morando. Então, dê uma boa casa para ele.

MINUTOS DE INSPIRAÇÃO

EXERCÍCIO DO DIA

Se a sua carteira não está digna da sua prosperidade, quero que, hoje mesmo, você compre uma nova. Mas se ela ainda está bonita e bem conservada, trate de fazer uma faxina na casa do seu dinheiro, tirando de dentro da carteira todos aqueles papeizinhos que vem acumulando. Faça com que a energia desse acessório esteja completamente desobstruída, para você atrair mais e mais cédulas.

MAY ANDRADE

DIA 83

O PODER DO SEU NOME

Na minha casa, eu tenho um M dourado, que serviu de decoração no cenário de alguns vídeos que já fiz. M de May! Eu aprendi essa técnica com Dan Lok, youtuber e coach de desenvolvimento pessoal e financeiro. Em seu escritório, ele tem o nome dele bem à vista, escrito em letras douradas. Lok explicou que isso gera autoridade e transmite prosperidade. Quando as pessoas chegam até lá e veem o nome dele num lugar privilegiado, já percebem o seu prestígio. E o segundo motivo para ele fazer isso é porque lhe transmite autoestima, a sensação de que se aceita e que ama ser quem ele é.

Pode acreditar: ter seu nome (ou a inicial dele, como eu fiz) por perto é maravilhoso. Naturalmente, você manda uma mensagem para o seu subconsciente de que se ama, de que tem orgulho de ser quem você é, de que você se aceita profundamente, a ponto de colocar o seu nome num lugar de destaque. Porém, se por acaso você não se sentir confortável com isso, pode ser um sinal de que precisa trabalhar a sua autoestima e autoaceitação.

Isso porque o seu nome merece, sim, um lugar de honra. Afinal, você é uma pessoa incrível, maravilhosa, que tem vivido uma vida extraordinária e feito de tudo para se melhorar como ser humano. Então, você é digno, e seu nome também.

EXERCÍCIO DO DIA

O meu M não foi nada caro. Foi comprado numa loja simples, num centro comercial. Então, hoje, quero que você tente adquirir algo nesse sentido – a sua letra inicial ou todas as letras de seu nome. Mas também pode produzi-las artesanalmente. O importante é deixar em algum local de sua casa ou de seu escritório, para ativar sempre a sua autoestima. Você pode, ainda, colocar o seu nome em letras douradas na tela de fundo do seu computador ou do seu smartphone. Use a imaginação!

MAY ANDRADE

DIA 84

ACREDITE QUE É FÁCIL

Quando você acredita, você facilita. Facilita o quê? Tudo o que deseja conquistar na vida. Tem uma história no livro *O Poder do Subconsciente*, de Joseph Murphy, que ilustra bem isso. Um rapaz, durante uma aula na faculdade, dormiu e, quando acordou, havia no quadro um exercício de matemática que ele pensou ser o dever de casa. Então, copiou rapidamente e, à noite, resolveu o problema. No dia seguinte, ao chegar à faculdade, o professor constatou que ninguém havia conseguido responder àquele problema, a não ser o rapaz. Nem o próprio professor achava uma solução, e foi justamente durante o sono do aluno que discutiu com a turma sobre como solucionar aquele problema. E ele, sem saber que era tão difícil, resolveu a questão em casa.

Se o estudante soubesse que era impossível, será que teria conseguido? Será que teria se esforçado de fato para resolver? Joseph Murphy explicou que somente o que nos limita é a nossa consciência acreditar que algo é difícil. Quando acreditamos ser fácil, tudo melhora e acontece com muito mais fluidez, porque informamos à nossa consciência que, sim, é muito simples.

O problema é que o difícil recebe muito mais atenção, sendo ensinado até mesmo nas escolas quando nos dizem que a vida tem que ser dura e que o que vem fácil vai fácil. É ou não é? Então, a dificuldade e o esforço são exaltados, enquanto o que é fácil é menosprezado. E qual o resultado disso? Naturalmente a nossa consciência passa a fazer da dificuldade um padrão, acreditando que tudo o que realmente vale a pena tem que ser muito sofrido e suado.

Porém, se você prestar atenção, as melhores coisas da vida vêm quando você está num estado de *flow* – quando está fluindo, deixando o rio o levar. Assim, os acontecimentos vão surpreendendo você, vão acontecendo... É o Universo lhe trazendo tudo! E é tão bom quando estamos nesse estado de fluxo... Mas ele só acontece quando a nossa consciência entende que algo é fácil. Assim, quando você acredita, você facilita.

MAY ANDRADE

EXERCÍCIO DO DIA

Está pronto para entrar no estado de *flow*? Então, hoje, quero que você pense em algum problema que tem tirado a sua tranquilidade. Algo que, aparentemente, seja difícil de resolver. Pensou? Agora, mande para o seu subconsciente a mensagem de que vai ser muito fácil achar a solução para ele. Por exemplo: você precisa entregar um relatório enorme em seu trabalho, e tem apenas dois dias para finalizá-lo. Respire fundo, concentre-se e afirme mentalmente: "Isso pode ser fácil. Eu escolho que seja fácil, simples e rápido". Repita algumas vezes essa afirmação e, durante a realização do trabalho, fale novamente a frase sempre que sentir que não conseguirá. Seja qual for a sua dificuldade, acredite que a resolução será surpreendente.

MINUTOS DE INSPIRAÇÃO

DIA 85

EFEITO PLACEBO

Certamente você já ouviu falar de estudos clínicos em que parte dos pacientes recebe medicamentos de verdade e a outra parte toma placebos, que são pílulas de açúcar ou trigo, sem qualquer propriedade curativa. Só que o médico não revela isso à pessoa, e ainda diz: "Olha, se você tomar esse remédio duas vezes ao dia, vai se sentir melhor". Assim, o paciente toma, acreditando na palavra do especialista, e faz com que o seu subconsciente também aceite aquela informação. E o que acontece? Ele realmente melhora de sua doença. Isso se chama efeito placebo.

Esse fenômeno comprovou para a ciência que a nossa mente influencia a nossa realidade, o nosso estado de saúde. Se a pessoa acreditar que será curada tomando aquele medicamento, independentemente de ser fake, alcançará, de fato, um efeito positivo em seu organismo.

A física quântica já demonstrou que as nossas células têm consciência e, por isso, elas obedecem à consciência que domina o corpo físico – e se esta acredita que fazendo determinada coisa o corpo vai ser curado, assim acontece.

Isso mostra o poder que a nossa mente tem. O problema é que não é só para o positivo, mas também para o negativo. Uma prova disso são os hipocondríacos, que são aquelas pessoas saudáveis que cismam que têm doenças, e realmente acabam desenvolvendo alguma. Mesmo quem não é hipocondríaco pode acreditar no Dr. Google, quando vai pesquisar sobre alguma dorzinha que está sentindo. Ao se ver diante de diversas doenças nos resultados da busca, fica até pior do que antes porque sua mente começa a imaginar que tem tudo aquilo. Tome cuidado com isso, porque sua mente é poderosa para curar você e também para ferir.

Suas células simplesmente obedecem ao comando da sua mente. Se você acredita que tem determinada doença, elas vão produzir essa doença em você. Mas se está convicto de que é saudável ou que vai se curar, você também desenvolverá a cura.

MINUTOS DE INSPIRAÇÃO

EXERCÍCIO DO DIA

Hoje, tenha muito cuidado no que você foca a sua atenção em relação à saúde. Não vá para a frente do espelho criticar a aparência de seu corpo, sua pele, seu cabelo etc. Se fizer isso, dará energia para os pensamentos negativos, que farão com que suas células comecem a trabalhar para obedecer a esse comando. Você precisa colocar a sua mente em congruência com aquilo que realmente deseja para a sua saúde. Então, abençoe as partes de seu corpo que não o agradam hoje ou que podem estar doentes. Se os seus cabelos estão fracos e quebradiços, apenas diga: "Meus cabelos lindos, eu abençoo vocês. Abençoo cada célula que compõe a sua estrutura". E siga fazendo isso. Claro que seguir uma dieta saudável e fazer exercícios regularmente são atitudes muito importantes. Mas só vão funcionar se você levar a sua mente junto nesse processo todo. Portanto, neste dia, alimente somente pensamentos positivos em relação ao seu organismo. E faça disso uma rotina para a vida toda.

MAY ANDRADE

DIA 86
A INTENÇÃO FAZ CRESCER

No livro *Seth Fala – A eterna validade da alma*, de Jane Roberts, há uma frase que traz uma verdade muito profunda: "Uma geração que odeia a guerra nunca trará a paz, mas somente uma geração que ama a paz será capaz de trazer a paz. Aquilo que você ama ou odeia é atraído por você". Já parou para pensar sobre o poder de atração daquilo que você não gosta? Nós sempre falamos da Lei da Atração de forma positiva, como uma ferramenta de realização dos nossos sonhos e desejos. Mas não paramos para observar o outro lado dessa lei, que funciona de igual maneira, que é o da polaridade negativa.

Assim como você atrai o que ama, também atrai o que odeia. Se alimenta uma forte sensação de desprezo ou raiva por algo, isso será trazido para a sua vida. É por isso que Seth diz que uma geração que odeia a guerra jamais será capaz de manifestar a paz; somente uma geração que ama a paz irá manifestar a paz – o foco não é combater aquilo que você odeia, mas sim focar e fazer crescer aquilo que ama. Dessa maneira, naturalmente, o que o desagrada vai desaparecer.

Quanto mais atenção, sentimento e emoção você coloca sobre algum objeto ou situação, mais isso cresce. É como se ele se alimentasse da atenção que está sendo recebida. Então, se você deseja um mundo diferente ou algo oposto na sua vida, pare de dar atenção e foco à guerras e a coisas de que não gosta. Comece a focar simplesmente no que ama, no que faz bem a você, no que você quer ver manifestado na sua vida e na sociedade. Assim, as outras coisas negativas vão sumir sem que você precise fazer nada a respeito.

O problema é que a maioria das pessoas fica dando muita atenção aos seus problemas. Dizem: "Eu tenho que focar nisso porque preciso resolver". Mas não é assim que se resolve. O que há de positivo no problema? É preciso colocar a atenção nisso. Por exemplo, imagine um casamento que não está indo bem. Quanto mais marido e mulher brigam e apontam os erros um do outro, mais choram, se desesperam e se afastam. Eles precisam parar de ver só o lado negativo e resgatar o que há de maravilhoso na relação. Não é à toa que, em terapias de casal, cada um tem que escrever o que gosta no outro e focar nessa lista positiva.

Enfim, você precisa parar de dar atenção àquilo que não quer e começar a direcionar 100% do seu foco para o que deseja. É assim que vai manifestar a vida dos seus sonhos.

EXERCÍCIO DO DIA

Como você gostaria que a sua vida fosse? E do que gosta atualmente nela? Nas linhas abaixo, escreva o que já tem de positivo e dê atenção a tudo isso. Deposite a sua gratidão nessa lista e você vai ver que, com o passar do tempo, várias outras circunstâncias positivas vão se multiplicar no seu dia a dia. Acredite, porque é uma lei natural.

MINUTOS DE INSPIRAÇÃO

DIA 87

MENSAGENS DE AMOR AO UNIVERSO

Um tempo atrás, fiz um passeio muito bonito a um local com montanhas e um lago. Eu estava me sentindo tão feliz e agradecida, que entrei em conexão com o Universo, com a minha Centelha Divina, com Deus em mim. Eu contemplava aquela natureza e só agradecia. Aproveitei e tirei algumas fotos. Quando cheguei em casa, fui vê-las e, em uma delas, tinha uma nuvem em forma de coração bem em cima da minha cabeça. E não foi só essa. Eu também tirei uma outra foto num mirante bem alto, e a sombra das montanhas fez um formato de coração também. Eu fiquei maravilhada!

Você percebe o quanto de mensagens de amor o Universo manda para nós? Eu percebi. Só que só conseguimos identificar essas mensagens quando estamos vibrando na gratidão, no amor, na contemplação, no momento presente. Eu não estava à procura de alguma sincronicidade. Mas o Universo mandou um sinal, dizendo: "Olha, continua! Você está no caminho, você está no fluxo".

Uma vez, eu estava tendo uma conversa bem íntima com a minha Centelha e falei: "Eu queria abraçar você". Em seguida, ouvi nitidamente uma voz dentro da minha cabeça: "Toda vez que você quiser me abraçar, abrace seu marido, abrace seu filho, com muito amor e gratidão, e estará abraçando a mim". Fiquei com os olhos cheios de lágrimas, toda feliz... Entendi a mensagem: o Todo é tudo o que há. E tudo é formado de consciência, da consciência do Todo. Então, quando abraçamos alguém, estamos abraçando Deus.

Quando você entende isso, a vida fica muito mais gratificante. Você consegue encontrar as mensagens de amor que o Universo lhe manda nas pequenas coisas, nas pequenas sincronicidades da vida. Toda vez que eu vejo 11:11 no meu celular, eu sei que é o Universo me dizendo: "Você está no fluxo". E já reparei que, sempre que isso acontece, estou numa vibração boa, positiva.

Portanto, comece a identificar essas pequenas coisas que vão aparecer quando você estiver numa sensação de relaxamento, de gratidão profunda, de contemplação do momento presente. Serão sinais do Universo para você.

MINUTOS DE INSPIRAÇÃO

EXERCÍCIO DO DIA

Hoje, quero que você tire alguns minutos para praticar o relaxamento profundo. Deite-se confortavelmente num local silencioso, sabendo que não será interrompido. Faça respirações profundas e vá sentindo todo o seu corpo relaxar. Agradeça pela sua saúde, pela sua casa, pela sua família, pelo seu trabalho, por estar num processo de expansão da consciência ao longo desses quase 90 dias de leitura deste livro. Mantenha uma atitude de entrega e rendição à inteligência divina da Fonte Criadora. Fique assim o tempo que achar necessário. Depois, abra os olhos e retome a sua rotina. Mas fique atento aos sinais que o Universo poderá lhe enviar. Ver números repetidos, ouvir alguém falando algo que era justamente o que você precisa saber, ler alguma frase que o coloque para cima... Essas são algumas formas que o Universo usa para mandar mensagens de amor para nós.

MAY ANDRADE

DIA 88

APRENDER É MELHOR DO QUE ENSINAR

Você sempre imaginou que o mestre é maior do que o aluno, não é mesmo? Eu também. Mas a grande verdade é que o aluno é sempre maior do que o mestre. Sabe por quê? A sabedoria habita naquele que sabe aprender. É mais sábio aquele que aprende do que aquele que ensina. Porque aquele que ensina só ensina porque aprendeu. Quando o mestre se enche de tanto conhecimento a ponto de acreditar que ele agora só pode ensinar, e não mais aprender, deixou de ser um sábio.

Eu me dei conta dessa lição pela observação. Sou professora por formação e por vocação. Já dei aulas de inglês, redação e português, e agora ensino sobre filosofia hermética e todos os assuntos que envolvem o autoconhecimento. Eu amo ensinar! Mas não é no professor que a sabedoria habita, e sim no ato de aprender. Porque, se eu não aprendo, nunca vou poder ser uma professora. Todo professor primeiro é um aluno muito esforçado para, então, se tornar um professor realmente bom.

Sempre que eu pegava um livro com a intenção de ler e depois dar aulas sobre ele, havia um bloqueio e eu não conseguia absorver o conteúdo. Isso acontecia porque eu já lia pensando na forma como iria ensinar. Mas se eu lesse um livro sem me preocupar com nada, apenas pelo prazer de adquirir conhecimento, de aprender como um aluno realmente entusiasmado, a sabedoria fluía com naturalidade para mim. E só depois que eu aprendia como aluna é que eu conseguia passar o conteúdo como professora.

Procure ser sábio todo dia. O sábio é um aluno. Aprenda com tudo e com todos. Eles sempre têm algo para nos ensinar. Em *O Livro de Mirdad*, há uma citação que eu levo como lema da minha vida: "Para o sábio, tudo é fonte de sabedoria. E para o não sábio, até a sabedoria é loucura". Portanto, faça de tudo uma fonte de sabedoria. Se você olhar para tudo como um aluno olha para um livro em que precisa aprender, conseguirá tirar muitos aprendizados. E assim se tornará o verdadeiro sábio. A partir daí, se vier a oportunidade de ensinar alguém, vai fazer isso porque, antes de tudo, é um aluno.

MAY ANDRADE

EXERCÍCIO DO DIA

O que você pode aprender hoje? Quero que mantenha uma atitude de aprendiz ao longo de todo o seu dia durante a sua rotina de afazeres. A única diferença será que você vai olhar para as pessoas com as quais precisa interagir e, internamente, deverá dizer a si mesmo: "O que eu posso aprender hoje com essa pessoa?". Faça o mesmo com as atividades do seu dia a dia, como lavar louças ou varrer a casa. Diga: "O que eu posso aprender hoje com o ato de lavar louças ou varrer a casa?". Garanto para você que encarar a sua vida com essa perspectiva, além de trazer muitos insights de aprendizados, vai tornar a tarefa muito mais divertida e prazerosa. Seja aluno hoje e sempre, porque, afinal, aprender é melhor do que ensinar.

MINUTOS DE INSPIRAÇÃO

DIA 89

A VIDA É UM MAR DE ROSAS

Você já ouviu o dito popular "A vida não é um mar de rosas"? Mas eu digo para você que ela é, sim! A vida é um mar de rosas, e eu vou lhe provar isso. O que caracteriza uma rosa? Ela tem pétalas aveludadas e macias. Só que também possui espinhos. Então, é igual à vida, que apresenta essas polaridades: amor e ódio, alegria e tristeza. Opostos que formam o todo.

Mas tudo tem utilidade: os espinhos protegem essa flor tão bonita e delicada. Se aprendermos a navegar nesse mar de rosas, também vamos entender a função dos espinhos. Eles seriam como os momentos difíceis, que nos machucam e nos deixam tristes. Porém, é nessas horas que temos os maiores aprendizados. E é justamente por termos experimentado esses espinhos que conseguimos valorizar e entender muito melhor a natureza das pétalas.

Então, a vida é assim para todos nós: um mar de rosas. Muitas vezes, queremos tirar os espinhos das rosas, mas não dá. Exatamente como em nossa existência. Isso porque existe a Lei das Polaridades, como explica o livro *O Caibalion*, mostrando-nos que amor e ódio, alegria e tristeza são graus de uma mesma coisa. Portanto, acolha todos os espinhos e aprenda com eles. Torne-se mais forte com eles. Você vai entender que, quando vê a vida como um mar de rosas, adquire a sabedoria para navegar tanto entre os espinhos como entre as pétalas.

A grande lição é:

não se iluda demais com as pétalas, nem se entristeça demais com os espinhos.

Mantenha o equilíbrio. Esse é o desafio de viver uma vida boa, equilibrada e positiva.

MINUTOS DE INSPIRAÇÃO

EXERCÍCIO DO DIA

Faça uma autoanálise sobre a sua vida, para perceber que você vem, realmente, vivendo num mar de rosas. Abaixo, liste quais têm sido as pétalas que vêm trazendo beleza ao seu dia a dia e quais os espinhos que, apesar de machucarem, lhe trouxeram boas lições. Esse é um exercício de autoconhecimento. Com ele, você conseguirá avaliar se a sua existência está tendo um equilíbrio entre momentos bons ou ruins, ou se as dificuldades ou as alegrias imperaram. Seja qual for o resultado, seja sempre grato. Esse é o segredo para trazer o equilíbrio ao seu mar de rosas.

Pétalas	Espinhos

MAY ANDRADE

DIA 90

O PODER DA GRATIDÃO

    A gratidão não é algo apenas filosoficamente bonito; é, realmente, uma magia poderosa. Ela possui o poder alquímico avassalador de transformar a vida de qualquer pessoa. Temos que parar de ver a gratidão somente como algo bonitinho. Trata-se, isso sim, de uma energia poderosíssima, tão potente quanto a bomba atômica. O efeito de uma bomba atômica é destruir tudo, enquanto o da gratidão é transformar tudo.

    Por isso, você deve respeitá-la e valorizá-la muito mais. Mas não funciona se você fingir que é agradecido. Não é só "obrigação em ter gratidão", nem cobrar do outro que diga obrigado. Não é assim! A gratidão verdadeira só flui dentro de cada pessoa quando o entendimento é verdadeiro, e ela pensa: "Realmente, eu tenho coisas pelas quais sou grato".

Infelizmente, na maioria das vezes, só lembramos disso quando passamos pelo vale da sombra e da morte. É quando dizemos: "Nossa, eu era feliz e não sabia". Mas não espere que o pêndulo do Universo balance para o lado negativo, destruindo tudo, para que você valorize o que tinha. Comece agradecendo hoje.

Mas como fazer da gratidão um estilo de vida? Praticando todo dia. Por exemplo, você pode exercer a gratidão andando pela sua casa, olhando as coisas que possui e parando para agradecer por elas. Você já fez isso? Agradeça à geladeira, à sua mesa, ao seu sofá, à sua cama... Lembre-se de que tem muita gente sem nada disso.

Tem várias outras formas de fazer da gratidão um hábito. Que tal, diariamente, separar dez minutos para agradecer? Pode ser de manhã, de tarde ou de noite. Esses minutinhos já serão suficientes para se conectar a essa energia poderosa. Você também pode comprar um caderno para anotar nele, todos os dias, os motivos pelos quais tem a agradecer ou fazer um pote da gratidão, como já expliquei no Dia 79.

Lembre-se sempre:

a gratidão tem poder e torna você poderoso.

Mais poderoso do que possa imaginar. E, assim, a sua vida começa a se transformar.

EXERCÍCIO DO DIA

  Lembre-se de alguém que o ajudou muito no passado. Lembrou? Então, hoje, quero que você ponha a intenção de agradecer a essa pessoa. Procure por ela ou, simplesmente, mande uma mensagem pelo WhatsApp, dizendo: "Eu queria agradecer a você por tudo o que fez por mim naquela ocasião". A pessoa pode até questionar: "De onde surgiu isso?". Responda: "Só lembrei e quis expressar a minha gratidão a você". Ao fazer isso, você sentirá uma onda de felicidade muito grande e, pode acreditar, o outro também.

Porque ser grato é tudo!

MINUTOS DE INSPIRAÇÃO

AGORA,

SIGA UMA VIDA MAIS LEVE E POSITIVA

Parabéns, você chegou ao 90º dia da sua transformação! Eu desejo que todo esse processo diário tenha trazido para você os mesmos benefícios que alcancei em minha vida, quando participei de um programa semelhante ministrado por Bob Proctor. Com certeza, você absorveu que a sua mente cria a sua realidade, e que se você deseja uma vida mais positiva e feliz, precisa ensinar a sua mente a funcionar automaticamente no positivo. Você pode, sim, escolher qual programação mental vai seguir, deixando de olhar para as situações com sofrimento e dificuldade. Agora, tem as ferramentas necessárias para enxergar tudo de maneira leve, divertida, criativa e fascinante.

Ao chegar ao final do Minutos de Inspiração, já consegue perceber que é muito mais gostoso e prazeroso pensar positivamente a respeito do que acontece com você durante o seu dia, do que deixar que as tendências negativas da mente tirem a sua energia e causem transtornos ainda maiores. Aprendeu que reclamações e pessimismo só vão piorar a sua qualidade de vida. E que pensamentos positivos e criativos se refletirão em um dia a dia mais alegre e realizado. Meu desejo para você, ao final deste livro, é que a sua vida realmente se torne mais leve e mais positiva, e que você atraia para a sua experiência oportunidades e pessoas que vão ressoar com a sua nova energia, com a sua nova forma positiva de pensar.

Mas vamos supor que você ainda não tenha dado essa virada de chave, mesmo tendo seguido o programa direitinho. Nesse caso, minha sugestão é que reinicie a leitura deste livro e refaça os exercícios. Pode ser que você esteja enfrentando uma fase mais turbulenta em sua vida, e acabou lendo as inspirações diárias com uma atitude mais ansiosa, tensa e fechada. E isso pode, sim, comprometer os seus resultados. Então, volte ao Dia 1 de coração aberto, com os seus melhores esforços internos para fazer diferente. E não se esqueça de pedir ajuda à sua Centelha Divina, que é o embrião da Fonte Criadora em você, e que tem a missão de auxiliá-lo a vencer todos os desafios e a evoluir na expansão da sua consciência. Afinal, o Universo se expande por meio da expansão de cada um de nós. Garanto que estar aberto para receber a ajuda da sua Centelha Divina faz total diferença no processo.

Essa dica vale, inclusive, para os leitores que tiveram sucesso nos exercícios e alcançaram a sua transformação. Se esse foi o seu caso, de tempos em tempos, é recomendável realizar um novo ciclo de 90 dias. Afinal, estamos sempre vivendo novas experiências, e as leituras e práticas parecem se renovar conforme o período de vida que estamos passando. Dessa forma, o que está bom sempre pode ficar melhor ainda. E o que não está tão bom pode melhorar, com certeza.

Por fim, minha mensagem para você é que nunca pare. Nunca ache que já atravessou a linha de chegada. A conclusão deste livro não significa que você finalizou a sua expansão de consciência e a sua jornada de autoconhecimento. Tenho certeza de que há muito mais potencial dentro de você para ser explorado. A vida é um eterno processo de aprendizagem e estamos sempre nos transformando a cada novo ciclo de oportunidades que chega para nós. O importante é que você continue seguindo rumo ao seu crescimento, tornando-se cada vez mais uma pessoa melhor. Assim, vai colher da vida os resultados que serão o reflexo de quem você escolheu se tornar.

E, agora, conclua a sua leitura afirmando:

"Universo, eu me abro para expandir ao máximo do potencial destinado a mim nessa vida."

UM PRESENTE PARA VOCÊ!

temporariamentehumana.kpages.online/minutoslivro

Aponte a câmera do seu celular para o QR Code acima e tenha acesso a dez aulas do programa Minutos de Inspiração, composto de 90 vídeos curtos (de 3 a 6 minutos), para você assistir e praticar um por dia, logo cedo ao acordar. Assim como este livro, é um jeito simples e fácil para transformar sua mente e sua vida por meio da reprogramação mental positiva. Aproveite!